実践 SWOT 分析

経営承継を成功させる

戦略立案のメソッドとロードマップ

- 経営計画
- 商品開発
- 新規事業
- 事業撤退縮小

株式会社アールイー経営　代表取締役
嶋田 利広

有限会社マネジメントスタッフ代表取締役
尾崎 竜彦

株式会社エイチ・コンサルティング代表取締役
川﨑 英樹

マネジメント社

はじめに

「先生、SWOT分析って、こんな感じでいいんですか？」

2016年秋のある日、1冊の本を手にした会計事務所のスタッフが私のところに来ました。この会計事務所は、私が10年以上コンサルティングをしているクライアントでもあります。

私はその本を読んで、思いました。

「これがもし、SWOT分析の標準だと思われたら、ちょっと危険だな」

「こんな表面的な分析で、独自の経営戦略なんて出てくるはずがない」

「もしコンサルタントや会計事務所職員がこんなレベルでもいいんだと思っていたら、SWOT分析のイメージも品位も下がる」

私が初めて「SWOT分析」の本を共著で出版したのが『中小企業のSWOT分析』(2009年、マネジメント社)でした。その後、2011年に『SWOT分析による経営改善計画書作成マニュアル』、2014年に『SWOT分析コーチングメソッド』(いずれもマネジメント社)と、これまで3冊のSWOT分析シリーズを出版しています。お陰様で、SWOT分析という専門的なビジネス本にもかかわらず、これまで3万冊以上が世に出ています。

会計事務所のスタッフが持ってきた1冊の本は、久々に私の出版魂に火をつけました。「SWOT分析の具体的な活用方法のマニュアルをそろそろつくりたい」と思っていた矢先だったからです。

話は変わりますが、最近、私のクライアントも、またクライアントでもある会計事務所の顧問先でも「事業承継対策」を検討中の企業が多く見受けられます。事業承継は、一般的には相続対策や資産承継などをいいますが、私たちのような経営コンサルタントの視点では、「経営承継」「企業承継」のほうがしっくりくる表現です。

「経営承継」とは、承継後の事業が健全に続けられる状況をつくることです。

その内容は
- 企業哲学・理念の承継
- 勝ち残るための経営戦略の承継
- 後継者がマネジメントできる組織体制や仕組みの承継
- 長期的な資金対策の承継

などです。

　一番重要なのは、承継後も「継栄（継続して繁栄すること）できる状況」をつくることです。そのためには、どのような経営戦略で「稼ぎ（利益）」を作り出すかがポイントになります。

　その経営戦略を見つけ出すための戦略立案ツールが「SWOT分析」なのです。私は「経営承継を成功させるためにも、現社長と後継者が独自の経営戦略を作り出すことが肝要だし、そのためにはSWOT分析が最も適したツール」だと痛感しています。現社長の思いつきや頭の中にある漠然とした長期経営戦略や、どのように経営承継していくかという具体的な手順なども、SWOT分析をしていくことで明確になっていくのです。

　経営承継後の経営安定化のためにも戦略立案のSWOT分析は必要です。最近は経営改善計画書の根拠としてもSWOT分析は有効なツールになっています。

　「経営承継を円滑にしていくためには、より実践的なSWOT分析が必要なのではないか」と感じていた頃、私は2人のコンサルタント仲間にこの話をしました。過去にも何度も共著で出版した関係性もあり、コンサルタント事務所だけでなく社労士事務所も経営している㈲マネジメントスタッフの尾崎竜彦社長。もう1人は、佐賀で㈱エイチ・コンサルティングを経営し、中小企業診断士でもある川﨑英樹社長です。2人は、私が以前勤めていたコンサルティングファーム時代からの仲間でもあります。

　私が動機や企画を話すと、2人ともすぐに納得してくれて、私たち3人は早速執筆作業に入りました。それぞれの経験則や実績を照らし合わせながら、またデータのやり取りをしながら、本書を形作っていきました。

　私たち3人で、おおよそ200事業所でSWOT分析やそれに準じる経営

改善計画書をコンサルティングしています。SWOT分析を含めたコンサルティング数の経験だけなら、700社以上になるのではないでしょうか。この経験とノウハウを本書では随所に盛り込んでいます。

　SWOT分析という有効なツールを多くの方が上手に活用し、独自の戦略立案に本書が一役買っていただくとともに、よりよい形で経営承継のサポートができることは、著者として、また長年経営コンサルティングを手掛けてきた私たちにとってこの上ない喜びです。

2017年8月

著者を代表して　**嶋田 利広**

目次◎経営承継を成功させる実践SWOT分析

はじめに ——————————————————————— 3

Chapter 1　後継者の思い込みと期待先行の判断は致命傷になる

1 先代社長の前例踏襲では限界 ——————————————— 14
　① 成功モデルは長続きしない（茹でガエル現象に要注意）　14
　② 変えてはならないこと、変えるべきこと　15
　③ 過去の成功体験が足かせに　15
　④ 新たな発想で経営改革しないと、若い社員が見限る　16

2 思い込みと期待先行は会社を滅ぼす ——————————— 17
　① 後継者がやりたいこと・始めたいことは理にかなっているか　17
　② なぜ先代社長がこだわったかの理由も知るべき（物事には根拠あり）　18

3 先代社長に認めてもらうために焦った行動は禁物 ————— 20
　① 後継者の焦りが出る現象　20

4 根拠なき戦略に、周囲は戸惑い「ジュニアはダメだ」と批判する — 24
　① 理にかなっていない後継者の焦った戦略　24
　② 根回しも議論も論理的な検証もしない独断専行　24
　③ やりたいこととやれることがちぐはぐ　25
　④ 人の話を聞かないから、戦略が的外れに　26

5 自社の経営資源で「勝てる市場」を見出せない ——————— 27
　① 自社の経営資源をことごとく否定する後継者　27
　② 攻めたい有力市場をレッドオーシャンに向ける「身の程知らず」　28
　③ 勝てるフィールドは「ニッチ市場」だけ　29

Chapter 2　後継者の「強み」を活かせば会社は活性化する

1 誰でも隠れた才能と、人知れず「強み」がある ——————— 32
　① 自分の「強み」は何かを冷静に分析する　32
　② 「強み」には【資質的なもの】と【物理的なもの】がある　33
　③ 自社・自分の「強み」を好きになった人が結果を出す　33
　④ 良い点と強みは違う　34

- 2 後継者の「強み」を再発見するためのチェックリスト ──── 37
  - 1 自分に自信を持たねば、組織を引っ張れない　37
  - 2 自分の強み発見のためのチェックリスト　37
- 3 後継者の「強み」を事業戦略に活かす ──── 40
  - 1 苦手な分野で一生懸命頑張っても成果は出ない　40
  - 2 「得意な分野・好きな分野」と「ニッチ市場」をからめる　40
  - 3 今の事業戦略・組織の見直しにも「自分の強み」を活かす　41

Chapter 3　後継者の時代に合った戦略を引き出す「SWOT分析」

- 1 SWOT分析の基本 ──── 44
  - 1 SWOT分析の概念　44
  - 2 なぜ、SWOT分析が脚光を浴びるのか　45
- 2 SWOT分析のメリット ──── 48
  - 1 SWOT分析を実施したほうがよい企業の傾向　48
  - 2 SWOT分析をする6つのメリット　50
- 3 後継者中心に実践してきたSWOT分析の結果 ──── 53
  - 1 200を超える事業所で実施してきたSWOT分析　53
  - 2 後継者には論理的なビジョンが必要　53
  - 3 任せる側の先代も「後継者の戦略」に理屈があっていないと不安　54
  - 4 後継者中心にSWOT分析し、その責任を取らせる　54
- 4 ニッチ市場はどこに隠れているか ──── 55
  - 1 5FORCE分析、PEST分析、3C分析、PPMの特徴　55
  - 2 ニッチ市場のヒント20　56
- 5 自社の経営資源が「強み」とわかればヤル気になる ──── 60
  - 1 パッと見てわかる「強み」は少ない　60
  - 2 ニッチ市場に使える強みこそ「本当の強み」　60
  - 3 不良資産と思っていたものが経営資源に変わる　61
- 6 「弱み」と「脅威」を掛ければ、先代ができなかったリストラ策も覚悟できる ──── 62
  - 1 先代が事業撤退縮小・リストラを決断できない理由　62
  - 2 後継者が行う事業撤退縮小・リストラはその後の論理的な裏付けが必要　62
- 7 独自の中期ビジョンが明確になればヤル気になる ──── 64
  - 1 中期ビジョンとはどんなもの？　64
  - 2 中期ビジョンに必要な着眼点　65

8 大手企業の戦略や常識論ではない「自分たちの肌感覚の戦略」ならイメージが湧く── *66*
　1 業界が同じだから同じ戦略はありえない　*66*
　2 業界の常識論こそ、儲からない理由　*66*
　3 自分たちの肌感覚の固有戦略、好きな戦略ならばやる気になる　*67*

Chapter 4　実践的な経営改善計画書・事業計画書の根拠を作成

1 一般的な経営改善計画書のありがちな特性 ──────────── *70*
　1 欠けている「商材対策の深堀」　*70*
　2 経営改善計画書が絵に描いた餅になる理由　*71*
2 SWOT分析から作成する経営改善計画書作成のステップ ─────── *72*
　1 これまでの「経営改善計画書」「事業性評価」とは違う切り口　*72*
　2 第1ステップ…現状推移の場合の「破局のシナリオ」（中期経営予測）　*73*
　3 第2ステップ…必要売上・粗利と現実との差額を算出
　　（ベース－必要売上＝差額対策）　*76*
　4 第3ステップ…「差額対策」を捻出する新戦略立案　*76*
　5 第4ステップ…「中期戦略体系図（実抜体系図）」の作成　*82*
　6 第5ステップ…新戦略・新具体策を入れた「概算数値整理シート」　*84*
　7 第6ステップ…新戦略・新具体策を数値化した「新中期利益計画書」　*84*
　8 第7ステップ…中期行動工程表（ロードマップ）の作成　*85*
　9 第8ステップ…単年度行動計画（アクションプラン）の作成　*85*
3 経営改善計画に必要な「突破口作戦」──────────────── *94*
　1 突破口作戦とは　*94*
　2 経営改善に不可欠な3つの「新」　*94*
　3 売上拡大が突破口の場合の作戦・手段　*95*
　4 粗利額・粗利率が突破口の場合の作戦・手段　*96*
　5 組織改革が突破口の場合の作戦・手段　*98*

Chapter 5　実践SWOT分析 ── 基本と進め方

1 「実践SWOT分析」の概念 ───────────────────── *102*
　1 概念だけでは進まないSWOT分析　*102*
　2 SWOT分析を図で理解　*102*

2 「機会分析」の考え方 ———————————————— 104
　1 間違った「機会分析」をしないために　104
　2 「機会」捻出に苦労する理由　104
　3 「機会分析」に使うヒント30　105

3 「脅威分析」の考え方 ———————————————— 109
　1 「脅威分析」にはあまり時間をかけない　109
　2 「脅威」質問の具体例　109

4 「強み分析」の考え方 ———————————————— 112
　1 「強み」とは何か　112
　2 「強み」を引き出すヒント　113

5 「弱み分析」の考え方 ———————————————— 116
　1 「弱み」の整理と注意点　116
　2 「弱み」のチェックポイント　116

6 クロス分析①――積極戦略 ——————————————— 118
　1 クロス分析とは　118
　2 「積極戦略」立案時のポイント　119
　3 「機会分析」から「積極戦略」を想定する　120

7 クロス分析②――致命傷回避・撤退縮小戦略 ——————— 125
　1 「致命傷回避・撤退縮小戦略」の考え方　125
　2 「致命傷回避・撤退縮小戦略」に使われる具体的な戦略　126

8 クロス分析③――改善戦略 ——————————————— 127
　1 改善戦略の考え方　127
　2 改善戦略の具体策　128

9 クロス分析④――差別化戦略 —————————————— 129
　1 両極端な考え方が生まれやすい「差別化戦略」　129
　2 「差別化戦略」で選択する戦略の例　130

Chapter 6　SWOT分析で中期ビジョンを構築

1 今後の外部環境の分析は「機会」と「脅威」からセレクト ——— 132
　1 外部環境分析はニュートラルで　132
　2 これから成長可能な市場　132
　3 経済状況が変化しても存在するニッチ市場　133
　4 今後急速にブレーキがかかる市場　133

　　　　5 競合状況、新規参入の可能性　*134*
　　　　6 購買チャネル、販売チャネルの変化　*134*
　　　　7 新技術、グローバル化による商材の代替　*135*
　　　　8 少子高齢化、人口減少社会からのニーズ　*135*
　　2　中期ビジョンで USP をあぶり出す ──────────── *136*
　　　　1 企業の中期ビジョンでは USP を決める　*136*
　　　　2 USP ＝積極戦略　*136*
　　3　中期ビジョンの構成要素 ──────────────── *138*
　　　　1 中期ビジョン「5つ」の構成要素　*138*
　　　　2 USP＝「○○の分野で◇◇で圧倒的なNo.1」を固有名詞にする　*138*
　　　　3 新商品開発・開拓・既存商品強化の方針と戦略　*139*
　　　　4 新規開拓、新チャネル・エリア開拓・既存顧客強化の方針と戦略　*139*
　　　　5 コスト改革（原価・固定費他）、品質向上の方針と戦略　*140*
　　　　6 組織改革・企業体制・その他の方針と戦略　*140*
　　　　7 3年に1回のビジョン見直しと SWOT 分析実施　*141*
　　4　中期ビジョン体系図の書き方 ───────────── *142*
　　5　中期ビジョン体系図（事例）──────────────── *146*

Chapter 7　中小企業の「隠れた強み」を掘り起こす

　　1　どの企業にもある5つの「強み」につながる経営資産 ─────── *152*
　　　　1 顧客資産　*152*
　　　　2 商材資産　*153*
　　　　3 サービス資産　*154*
　　　　4 組織・機能資産　*154*
　　　　5 異業種からコラボしたい・活用したいといわれる資産　*155*

Chapter 8　後継者中心に商品開発のコンセプトを明確化する

　　1　「失敗確率を減らす商品開発」の基本的な考え方 ──────── *158*
　　　　1 中小企業の新商品の成功確率　*158*
　　　　2 新商品の失敗確率を少なくする10のポイント　*158*
　　2　商品開発にSWOT分析を反映させる ─────────── *161*
　　3　SWOT分析で使う商品開発アイデアのヒントと質問30 ──────── *162*

Chapter 9　後継者が行う新規事業参入の可否判断をする

1　「新規事業の是非」を決める前に ───────────────── 166
　1 新規事業への参入は慎重に　*166*
　2 「新規事業の是非」を決める時もSWOT分析が有効　*167*
　3 SWOT分析で「新規事業の是非」を判断するポイント　*167*
　4 「新規事業の可否判断」を行うSWOT分析の全体像　*168*

2　新規事業への進出を決める時のSWOT分析 ───────────── 172
3　新規事業の撤退を決める時のSWOT分析 ────────────── 176
4　新規事業SWOT分析からの「新規事業選択基準」 ───────── 178

Chapter 10　経営承継前にリストラ・撤退縮小戦略を練る

1　一番難しい「事業の撤退縮小」 ──────────────────── 182
2　事業の撤退縮小を意思決定する判断基準 ─────────────── 184
3　「撤退縮小戦略」を決める時のSWOT分析 ────────────── 186
4　「撤退縮小戦略」検討時に同時進行するデメリット分析 ────── 188

Chapter 11　SWOT分析検討会用「動機づけ講義」

1　動機づけ講義があると議論は進む ────────────────── 190
2　動機づけ講義のポイント ────────────────────── 191
3　講義用パワーポイントレジュメ例 ────────────────── 192

Chapter 12　《事例解説》後継者中心にSWOT分析で経営改善計画書を作成

1　経営計画書作成の手順と要点 ──────────────────── 206
　1 経営改善計画書の背景　*206*
　2 SWOT分析ではその業界を熟知しておく必要はない　*207*
　3 事業承継が予定されている場合は後継者中心に行う　*208*

2　破局のシナリオ ─────────────────────────── 209
3　必要売上・必要粗利と「破局のシナリオ」との差額整理表 ───── 210
4　SWOTクロス分析 ───────────────────────── 211
5　3か年基本方針 ─────────────────────────── 218
6　SWOTクロス分析を反映した中期収支表 ────────────── 220

7 3か年ロードマップ ———————————————— *221*
8 アクションプラン（モニタリングシート）————————— *226*

《コラム》
 COLUMN ❶
  経営診断と実践 SWOT 分析の違い　*77*
 COLUMN ❷
  SWOT 分析検討会を円滑に進めるコーディネート実務1　*143*
 COLUMN ❸
  SWOT 分析検討会を円滑に進めるコーディネート実務2　*147*
 COLUMN ❹
  SWOT 分析否定派の誤解　*169*
 COLUMN ❺
  SWOT 分析で結果を出すコーディネーターは何が違うか　*227*

後継者の思い込みと期待先行の判断は致命傷になる

1 先代社長の前例踏襲では限界

◼**1 成功モデルは長続きしない（茹でガエル現象に要注意）**

　水槽の中にカエルを入れて、ゆっくりと熱していくと、カエルは生命の危険があるにもかかわらず、飛び出すことができず、茹で上がっていきます。これを「茹でガエル現象」といいます。

　最初から沸騰している水槽にカエルを入れると、カエルはその熱さで飛び出すが、序々に熱くなると馴れてしまうわけです。**「茹でガエル現象」は企業も同じです**。過去の成功体験から、同じビジネスモデルに固執し、環境が徐々に変わっているのにその変化に対応できないわけです。

　私たちは、現社長や先代の経営者の時代に、会社収益に貢献したモデルが長く続かないことを理屈ではわかっているはずです。「企業寿命30年説」が提唱されたのは昭和時代の末です。しかし、その後の環境変化はますます早くなっています。「前例踏襲」の経営では、今後の成長や生き残りは**無理とわかっている後継者も多いはず**。

　しかし、茹でガエルのままで、新たなことに挑戦したり、ビジネスモデルを変えないのはなぜでしょうか？　そこには、「変えたくても変えられない現実」があるのかもしれません。それは、

- 新たな戦略が見つからない
- 過去からの流れを変えることに対する組織や顧客の抵抗
- 新たな戦略を導入するには資金がいるし、その間の売上ダウンが怖い…

などです。

2 変えてはならないこと、変えるべきこと

事業承継時によくいわれることがあります。

「変えてはならないこと、変えなければならないことがある」

「変えてはならないこと」とは一言でいえば、理念や基本方針、行動規範といわれるものです。企業の生き方、基本姿勢に関することです。技術革新でIOTやAI、グローバル化が進んでも、これは不変の原則です。いくら「時代が変わったから」といって、経営理念や行動規範の本質を変えるのはナンセンスです。

「変えなければならないこと」とは、「戦略」「戦術」などの方法論です。外部環境が変わっている中で、新たな市場やニーズが生まれ、古い市場が衰退する現実に対応しなければならないからです。

「戦略」というと、いろいろな定義があり、「何だかわかりにくい」と思っている人も多いでしょう。さまざまな人が百人百様の表現をしているからなおさらです。

そこで、私たちは**「戦略」**とは、**「何を、どこへ、どんな価値で」**というように定義しました。

したがって戦略とは、「商品戦略」「顧客戦略」「価格戦略」で、固有名詞（リアルな実名）で表現できることだと考えています。

3 過去の成功体験が足かせに

「変えられない理由」「変えることを拒む理由」は、過去の成功体験です。過去が素晴らしければ素晴らしいほど変えにくいものです。しかし、そこが大きな盲点になります。

企業寿命30年説を待つまでもなく、すべての事業サイクルは

【創業】⇒【成長】⇒【成熟】⇒【衰退】を経て【終焉】になります。

そして、衰退時に、売上ダウン、利益ダウン、赤字、組織の硬直化、顧

客離れなどの構造的な問題が発生し、リストラを余儀なくされます。いわゆる「じり貧状態」になっていきます。

そこで、多くの企業は**体力のあるうちに商品開発や新規事業への挑戦、M＆Aなどの経営戦略を練り**、終焉の憂き目を避けるわけです。

◢**新たな発想で経営改革しないと、若い社員が見限る**

後継者が自分の世代にどういう組織にすべきかを検討する時、現社長世代の幹部に過度に依存した経営は考えないのが普通です。後継者の時代に相応しい若手を起用する組織を考えるはずです。

しかし、新たな商品開発や顧客開発・新市場への挑戦などをしない経営では、将来性ある「有能な若手ほど、未来に希望をなくし、退職」していきます。

そして、残った従業員は、
- 指示待ち族で
- 積極性もなく
- 自分の意見もいわず
- 陰で批判ばかりし
- 物事を深く考えない人在（人材ではなく、ただいるだけの従業員）

ばかりになるかもしれません。

会社経営では「経営者の質と戦略に相応しい人材しか残らない」という**本質**があるのです。あるいは「社長の器が会社を決める」のです。

2 思い込みと期待先行は会社を滅ぼす

■1 後継者がやりたいこと・始めたいことは理にかなっているか

　前経営者の踏襲や物まねだけでは、企業は成長しないと述べました。では、前例にとらわれず、新たなことを始める後継者なら優秀なのかといえば一概にそうともいえません。

　私たちは、今までいろいろな企業の事業承継時の顧問をしてきた経験から学んだことがあります。**後継者の「思い込み」と「期待先行」の戦略は、往々にして成功しない**ということです。

　「思い込み」が強いと、第3者的な意見・公平客観的な意見でも、自分の意見と違う意見には、自分への批判だと思い込み、耳を貸そうとしません。そして、自分の考える戦略は正しくて、他人がいう戦略は間違っていると意固地になっていく人がいます。

　自分の耳に都合のよい情報を鵜呑みにして、「根拠もなく、うまく行くはずだ」と思い込んでいるわけです。

　「期待先行」とは、自分の頭で考えた戦略のプラス面ばかり考え、マイナス面から目を背け、やる前から過剰な期待ばかりすることです。

　これも「思い込み」と同じく、「根拠もなく、うまく行くはずだ」という自己中心的なイメージで出来上がっています。

　余談ですが、**成功するタイプは「悲観的に準備し、楽観的に行動」する**人といわれます。

　「実際に取り組む前には、簡単には上手くいかないという前提に立ち、考えられるいろいろな課題に手を打ち、万全の準備をする。そして、ゴーサインを出したら、あれこれ考えず、積極的に行動する」ということです。

しかし、**思い込みと期待先行タイプ**は逆で、「楽観的に準備し、悲観的に行動する」ようです。

事前の準備もほどほどに行動に移し、実際に進んだ後に「本当にこれでよいのかと悩み、消極的になり、チームを惑わせる」ことです。

こういう「楽観的に準備し、悲観的に行動する」タイプには、既存のビジネスモデルがダメだから、もう限界だから、

- とりあえず儲かりそうな商売に手を出す
- 新商品に夢をかける
- 新規事業に過剰な期待を抱き、（資金を）つぎ込む

ようです。

だから、戦略を決める時、「思い込み」や「期待先行」ではなく、「理にかなっているかどうか」を意識すべきです。

どういう点を意識すべきか。

- 後継者自身が「やりたいこと」「始めたいこと」は、筋の通った価値観に基づいたモノなのかどうか？
- 今の会社の経営資源や外部環境を考えた時に、理屈が通った戦略か？
- 思いつきではなく、長年追いかけられる戦略なのか？
- 荒唐無稽な戦略ではなく、地に足のついたリアルな戦略なのか？
- 同業者、競合他社と比較して、少しでも優位になれる戦略なのか？

そういう「一本筋が通っているか」「理にかなっているか」がなければ、うまく行くはずがないのです。

2 なぜ先代社長がこだわったかの理由も知るべき（物事には根拠あり）

先代社長に批判的な後継者がいます。

「社長のやり方では、これからの時代は乗り切れない」

「これからは、こういう戦略が主流になる」

後継者の中には、思い込みと期待先行で、先代社長や歴史的な事象を軽んじて、自分なりの経営戦略をやろうとする人が少なからずいます。ここ

で後継者に、ちょっと立ち止まって考えていただきたいことがあります。

確かに時代が変わり、経営戦略も変えるべきかもしれません。しかし、先代社長がもし間違った戦略をやっていたら、会社はとうの昔に倒産していたはずです。

業績が悪いといいながらも、「現在も事業を継続している事実」とその背景をしっかり見ておく必要があります。

地に足のついた事業をしてきたからこそ、今があるのです。カタチや見かけ、雲をつかむような戦略だけで事業は維持できません。それまで自社を支えてきた論理的な根拠が必ずあります。**その根拠こそ、大事にすべき価値観や本当に役に立つ経営資源**かもしれません。

3 先代社長に認めてもらうために焦った行動は禁物

■1 後継者の焦りが出る現象

①屋上屋を重ねる「形式重視の組織改革」

　先代社長が創業者とか有能な経営者だと、後継者は「焦り」の行動が出やすくなります。先代社長や従業員の手前、「早く結果を出したい」という思いが、「焦り」として悪い結果を招きかねないのです。

　ありがちなことですが、結果を早く出すため、後継者は自分が政権につくと、やたらに組織をいじりたがります。

　「実質的な組織」よりも、「形式的な組織」をつくりがちです。そして、形式的な組織に有能な幹部を配置すると、どうなるか？

　たいてい、売上・利益のダウンと固定費の増大、クレームの多発というダメージが発生しがちです。

　例えば、営業が一課と二課に分かれているから、一課の課長を営業部長に昇格させ、二課の管理もする。空いた一課長のポストには、係長か主任を抜擢するみたいな人事をします。

　新たに営業部長になった元営業一課長の戦略的な業務と生産性目標が明確ならまだいいでしょう。しかし、「営業部のマネジメント体制をよくする」「一課と二課の風通しをよくする」等のフワッとした目的のために、バリバリの課長を管理者のポストに仕立て、まだスキルのない係長か主任を一課長に抜擢するという愚行をやらかします。すると途端に業績が悪化します。そういう実例が多いのです。

　中小企業に「屋上屋の組織」は必要ない。

　社員全員が生産性向上部隊であるべき。

②顧客の声を聞かない商品開発
- この新商品は売れるはずだ
- こんな機能がついている商品は他にはない
- この商品は差別化できている
- この商品なら多少高くても買ってくれる

このように考えて新商品開発を進めていきます。ただ、これが先ほどの「思い込みと期待先行」になっていないかどうかということです。「本当に顧客はその商品を欲しているかどうか」をよくよく検証しなければなりません。

会社は当然、これまでもたくさんの顧客ヒアリングやマーケティング調査をしてきました。そして、顧客が「その商品はいいね」といっているから、また「その商品、面白いね」と褒めてくれたから……だから「この商品はいける」と思ってしまう傾向があります。

しかし、**顧客が褒めてくれても、その分価格が高い場合は、その評価と実際の購買は一致しない場合が多い**ことがあります。顧客の褒め言葉と実際の購買結果は異なる場合があるということです。

新商品開発には２つのアプローチがあります。

１つは、既存客の要望や悩み、困りごとを商品の付加価値や機能に追加して提案する〈**既存顧客視点の開発**〉。もう１つは、顧客の潜在的な悩みはあり、具体的な商品も市場もまだ出来上がっていないけれど、先鞭をつける〈**市場育成の開発**〉です。

「既存顧客視点の開発」は、徹底した顧客リサーチ（顧客をセグメントして、明確なターゲットを決めないとうまくいかない）が必要です。

「市場育成の開発」」は元来、中小零細企業には負担が重い開発です。まだ顧客ニーズが顕在化してないので、市場で認知されるまでに時間がかかるし、認知度を上げるためのコストも膨大になります。

「思い込みと期待先行」の後継者は、２番目の「市場育成の開発」をいうタイプが多い。

現実の声は、お客様からしか集められないのに……「顧客の声を聞く」

のは大事なキーワードですが、実際の商品開発において、本当に「仮説と検証」を繰り返し、マーケティングをしながら開発している中小企業がどれくらいあるでしょうか？　もしかしたら、わかっていることなのに意外に少ないかもしれません。

　いずれにしても、「思い込みと期待先行」の商品開発はリスクが大きいのです。

③第３者のアドバイスを無視した設備投資
- 生産量を増やし価格を下げればもっと売れるはずだ
- ここに出店すれば、この地域の市場を取り込めるはずだ
- この設備を最新式に一新すれば効率が上がり、利益が増えるはずだ
- この商品の販売代理店になれば、これから儲かるはずだ

　こういう仮説を立てて、既存設備増強の投資や新規投資をする時、第３者から「それは無謀だ。よく考えたほうがよい」とアドバイスをもらうことがあります。しかし、「思い込みと期待先行」の後継者は、明確な販売戦略がないまま、「今着手しなければチャンスが来ない」とばかりに、見切り発車します。

　景気のいい時代、市場が成長している時代なら、設備投資の判断は、資金さえ問題なければ、「経験と勘と度胸（KKD）」で決まっていたことでしょう。しかし、それは本当に経験に裏打ちされ、設備投資で失敗した場合、どういうリスクになるかを真剣に考えた経営者ならではのことです。後継者はまだまだそういう責任意識が低い場合が多いのです。

　だから、設備投資するなら、**なぜそれがうまく行くのかを論理的に考え、「勝ちパターン」が見えるまで議論して、**設備投資を決定してほしい。

④勝てる戦略のない新規事業進出
　今のビジネスモデルに未来がないと、新たな事業にその可能性を見出したくなるのはよくあることです。

　今はどの新市場のどの分野でも、「何か儲かりそう」と思えば、一気に

その市場で競合が増え、資金回収もできないうちに飽和状態になります。

「隣の芝生は青い」

よその市場はいつも美味しそうに見えるものです。賃貸マンション経営、コインランドリー経営、コンビニ経営等々、どの市場も、人口減と成熟社会の今の日本においては、すぐ飽和状態になります。

すると、今後の新規事業進出は、**勝てる市場で、勝てる条件を整え、「投資回収を早める戦略」が大事**になります。そのためには、新規市場・新規ビジネスではなく、何らかのノウハウや既存の顧客が活かせるほうが可能性が高くなります（シナジー・相乗効果がある）。

しかし、そういう具体的な戦略を深く議論しないまま、「とにかく新規事業だ」と進出すれば、大きなダメージを被ることになります。

⑤顧客メリットより社内対策を優先したIT、人事制度、管理強化

後継者が中期ビジョンや将来像を考えると、市場戦略よりも、社内体制に重点を置いたビジョンをいう人がいます。

- 組織を変える
- 人事制度・賃金制度を変える
- ITを導入する
- 管理を強化する　等々

これらは確かに大事なことでしょうが、「顧客戦略」以上に大事だとは思えません。顧客に評価されてこその経営です。競合に勝つのも、顧客評価次第です。

ならば、**後継者が立案する「ビジョン」は、顧客メリットや顧客に対する商品戦略、市場戦略、価格戦略などをベースにしていくべき**です。

それに対する具体的なプランを立案し、従業員にも「ビジョン」を理解してもらうべきです。管理対策ばかりでは、未来があるビジョンにはならないのです。

4 根拠なき戦略に、周囲は戸惑い「ジュニアはダメだ」と批判する

1 理にかなっていない後継者の焦った戦略

　前述のように、後継者が焦って取った「理屈の合わない戦略」は、先代社長や幹部、従業員を説得できません。
　もし、その後継者が「常人には自分の戦略は理解できない」「理屈に合うのは誰でも考えつく戦略だから、そんなものは成功しない」「現実ばかり見ている人に、これから起こる市場の変化はわからない」と、孤高の自分こそ正しいと思っているなら、それこそ「大いなる誤解」です。
　理屈の合わない戦略は、どこかに「曖昧な理論」「感覚」があります。
　機械や自動車の詳細な設計図を例にいうなら、全体的に何となくよさそうだが、細かくみると、部品が足らなかったり、強度不足を無視している状態で製造に入るみたいなものです。
　それでも、後継者が突き進むのは、そこに何らかの「焦り」が強く働いているからです。

2 根回しも議論も論理的な検証もしない独断専行

　「どうせ、根回ししたって、反対されるから」
　「頭の固い連中には理解されないから」
　「今しないと、誰かに出し抜かれる。時間をかけて議論する暇などない」
　そう思って、独断専行で新たな戦略を進めようものなら、相当な確率で失敗することになります。これも焦りがもたらす愚行といえます。

今の時代、**経営を継栄（継続して繁栄）していくために必要なことは、幹部・従業員の理解と協力**です。

このことは、どのような業態の中小企業でも同じです。

わがまま勝手に戦略を進めることは、とても恥ずかしいことだし、失敗した時に誰からも協力してもらえないことだと肝に命ずべきです。

❸ やりたいこととやれることがちぐはぐ

これもよくある話です。

以前、中小零細の製造業の後継者と話していた時、こんなことをいっていました。

「先生、ユニクロは自社で製造設備を持たず海外に工場を持っているでしょう。そして本部は東京で、本社は山口の創業地ですよね。だから、うちも早く生産を外注し、ソフト力で勝負したいんです。そして、全国に営業するためにも、東京に営業部を置いて、私が常駐して指揮を執りたいと思っています」

なかなか素晴らしいビジョンをお持ちの後継者でした。

しかし、その企業は社員8名の下請け企業。メーカーでもなく、また知的資産もない単純な加工業です。彼の父親は、毎日油まみれで生産をし、工場を潰さないために如何にすべきかをいつも考えていました。

しかし後継者は、工場には入るものの、地元の青年会議所（JC）や他の会合などの外の付き合いを優先し、じっくり技術を高める動きをしない。

ある時、後継者はコンピュータ制御の加工機を導入すべきだといって、経営者とやりあっていました。確かにその最新式の加工機を導入すれば、精度も高く、ロスも少ない。利益率アップにも貢献します。従業員も2名ほど削減してもよく、人員の効率化が図れます。

ただ、その設備は数千万円かかります。年商1億円もないこの企業にその負担は大きい。しかも、元請けがこれからも継続して発注してくれるかどうかもわからない状況でした。

だから、経営者も幹部も「反対」でした。
　このように、やりたいこととやれることを混同すると、経営戦略がちぐはぐになっていく。

4 人の話を聞かないから、戦略が的外れに

　「理屈にあった戦略」は、いろいろな人の意見を聞き、その中から自分の考えを整理して、現実と未来を見すえて、判断していきます。
　しかし、他人の意見や自分の価値観とは違う意見を除外する後継者もいます。これは、経営者になる以前の問題です。
　往々にして、人の話をじっくり聞かない経営者の戦略は的外れになることが多い。
　「他人の意見が正しいから、他人の意見に従え」といっているのではありません。「仮説と検証」の繰り返しの中で、見方の違う人の意見や否定的な意見は重要なアドバイスになることを多くの経営者は知っています。
　「的外れ戦略」の原因は、話を聞いていないからです。

5 自社の経営資源で「勝てる市場」を見出せない

■1 自社の経営資源をことごとく否定する後継者

　その企業が今日まで、倒産せずに続いてきたのは、何らかの強みがあり、それを顧客や市場が受け入れてきたからです。
　後継者の中には、その事実を無視して、
「社員のレベルが低い」
「会社の仕組みができていない」
「社屋も設備も古い」
「弱い顧客しかいない」
「コストがかかり過ぎる」
「場所が悪い」
「資金がない」
「若い人が来ない」等々
　今の会社に対して「ダメ出し」ばかりする人をたまに見受けます。
　特に、修行の一環で、仕組みもあり人材も豊富な大手企業を経験した後継者が自社を見た時、その差があまりに大きく落胆するようです。
　ところが、どの会社にも表面的にはわからない「強み」が必ずあります。その「隠れた強み」を発見し、**自社に合った経営戦略を考えられる後継者は優秀な人**です。
　あれが悪い、これがダメだと、自社の現状を否定するのではなく、次のように仮説を立てて検証してみるのです。

- この技術やノウハウ、サービスは、なぜ実現できているのか
- もしかして、この手法をこう変えたら、この顧客が喜ぶのでは

- この強みを、このように展開すれば、新たな価値やマーケットが生まれる可能性が出てくるのではないか

強みには、「表面的な強み」と「玄人的な強み」があります。表面的な強みとは、誰が見ても強みとわかる、現象的に出ている「強み」です。玄人的な強みとは、じっくり観察しないと見えない、知っている人しかわからない、「なるほど……そう使えば、確かに強みになるな」と思われる強みです。

後継者が自社を否定するような言動をしたり、何でも新たな戦略に飛びつくのは、「玄人的な強み」を理解しないからです。

表面的な強みだけ見て戦略を立てても、ニッチ市場における差別化や優位性は発見できません。

勝てる市場とは、ニッチ市場に対して、自社の「玄人的な強み」で勝負がかけられる市場ということです。

2 攻めたい有力市場をレッドオーシャンに向ける「身の程知らず」

「レッドオーシャン」とは、競合が激しく、価格競争などで利益を確保しにくい市場、あるいはその市場に飛び込む戦略のことです。

そこは市場規模が大きく、競合他社と一線を画す差別化が図れれば、大きな売上・利益となります。ただし、中小企業が「攻める市場」は、元来「ブルーオーシャン戦略」でなければなりません。

「ブルーオーシャン」とは、小さなカテゴリーや小さな市場で、競合があまり存在せず、自社独自の市場でナンバーワンが狙える市場です。実際には、大きな市場（大企業のマーケットなど）ではブルーオーシャンはほとんどなく、いろいろなタイプの「ニッチ市場」から、それを発見し、育てていくことになります。

中小零細企業がレッドオーシャンで勝負をかけるのは、よほどの差別化や独自性、他社が真似できない特許などがない限り、ほぼムリです。それは「身の程知らず」といわれても仕方ないでしょう。

なぜ、そんな無謀なレッドオーシャンを考えるのか？「売上規模を追う戦略」から抜け出せないからです。
　ニッチ市場は、ブルーオーシャン戦略かもしれませんが、市場規模が小さく、売上のインパクトがないと考えられます。そこで、会社の固定費を賄うために、ある程度まとまった売上が必須と考えて、売上規模を追うレッドオーシャン戦略を選択したのでしょう。
　それは大きな間違いです。むしろ逆であり、固定費を縮小して、ブルーオーシャン戦略を目指すべきなのです。

3 勝てるフィールドは「ニッチ市場」だけ

　結論からいうと、中小企業が勝てるフィールドは「ニッチ市場」に限られます。
　ニッチ市場をどう発見し、商品やサービスでどう差別化し、どう市場を育てるかに注力することが、「生き残りの必須条件」となります。
　だから後継者は、自社の経営資源（現在のヒト・モノ・カネ・カンリ）から、有効な「玄人的な強み」を磨き上げ、可能性のあるニッチ市場にエネルギーを注ぐ戦略をとるべきです。
　ただし、「今まで誰も気づかなかった画期的なニッチ市場を発見せよ」といっているのではありません。ニッチ市場とは、レッドオーシャンの分野でも、あるカテゴリーに絞り込んで、自社の「強み」が活かせる小さな隙間市場です。だから、原則として、その市場は今のレッドオーシャンの中の一部だということです。
　この「勝てるニッチ市場」を見つけられるかどうかが、後継者の「目利き」だといっても過言ではありません。
　「勝てるニッチ市場」の戦略をとらず、レッドオーシャンや従来型のマーケットに固執すると、会社は本当にヤバくなっていきます。

Chapter 2

後継者の「強み」を活かせば会社は活性化する

1 誰でも隠れた才能と人知れず「強み」がある

■1 自分の「強み」は何かを冷静に分析する

　私たちはこれまで多くの中小企業で経営戦略立案のコンサルティングをしてきました。そこで確実に学んだことの１つは「**どの企業にも、ニッチ市場で勝てる【強み】がある**」ということです。

　「強み」には、目で見てすぐわかるものと、じっと目を凝らしてみないと見えない「玄人（くろうと）的な強み」があると先述しました。

　セミナーや研修などで「あなたの会社の【強み】を自己分析してください」と課題を出すことがあります。すると、受講者はいろいろな「強み」を挙げてきます。

　その後、「その強みが活かせる『ニッチ市場』や『ニッチカテゴリー』は何ですか？」と課題を出します。そうすると、途端に思考の袋小路に入る場合が多い。これは、今までの発想の順序が違うことから起こる思考停止状態だと考えています。だから「強み」を先に考えてはいけないのです。

　むしろ、先に考えるのは「今の市場の中でのニッチ市場やニッチカテゴリー」です。そして、その「ニッチ市場やニッチカテゴリー」に、自社の「強み」をどう活かせるかを考えるべきなのです。

　再度いいますが、**ニッチ市場やニッチカテゴリーに適合する「自社の玄人的な強み」をどう冷静に分析するかが重要**です。その発想法こそ、私たちが差別化戦略をコンサルティングする時に使ってきた基本的な考え方です。

❷強みには【資質的なもの】と【物理的なもの】がある

　先述した「玄人的な強み」を見極める時に検討してほしいのが、「資質的な強み」と「物理的な強み」です。

　資質的な強みとは、技術力、デザイン力、アイデア力、商品開発力、ソフト力、低コスト人件費など、「マンパワーの資質」に関連する強みです。いわば包括的な「人材力」ということができるでしょう。

　物理的な強みとは、機械設備、地理的条件、知的資産、専門人材、少量多品種対応力など、具体的に物量として持っているものや仕組みとして持っている「強み」です。

　これまでの経験からいうと、**即効性のある強みは「物理的な強み」が多い**。物理的強みはすでに経営資源の中にあるので、準備に時間がかかりません。ただ、この物理的な強みを「負の財産」と考えられているケースもけっこう多いのです。

　例えば、少量多品種への対応のため、配送車両と配送要員がいるとします。そこが、稼働率が悪く高コスト体質の原因であり、縮小すべきだと経営陣は考えているとします。ところが、「勝てる可能性のあるニッチ市場やニッチカテゴリー」では、その配送車両と要員が「物理的な強み」と認知される場合、コストカットの対象にしてはいけないわけです。

　間違ったリストラでは、よくこういうことがあります。

　固定費削減のために、今後の収益機会の資産まで削減する愚をやってしまうことです。次の成長や収益性の根拠をなくせば、そのリストラ対策は「じり貧」と「弱体化」の始まりになっていくわけです。

❸自社・自分の「強み」を好きになった人が結果を出す

　「強み」にもいろいろあり、どれを選択するかは考え方次第です。これまでの私たちの長年のコンサルティングや経営戦略支援の中で、ある確信

があります。

「勝てるニッチ市場やニッチカテゴリー」に適合する強みを育成できている後継者には、ある共通した特性があります。

それは、「**自社または自分の強み（あくまでもニッチ市場やニッチカテゴリーに使える強み）を好きな人が結果を出す**」ということです。けっして、謙遜しすぎず、その強みをさらに伸ばそうと努力する姿勢です。

後継者自身、「どんな強み」があるかを自問自答して、答えを出すべきです。「勝てるニッチ市場やニッチカテゴリー」に使う「自社の強み、自分の強み」を尊重し、それを伸ばす努力をする。これが肝要です

4 良い点と強みは違う

①「良い点」は、ビジネスに直接影響しない

経営者や後継者に、何も条件をいわず、「御社の【強み】を教えてください」と質問します。すると、ほとんどが「良い点」を挙げてきます。

「良い点」≠「強み」ということを理解していないわけです。

「良い点」とは、顧客や外部から「あなたの会社はこんな点が良いですね」といわれることです。例えば、「当社は接客に力を入れています。接客力は当社の【強み】です」とある経営者がいいました。

私は質問しました。

「その接客力で具体的なニッチ市場やニッチカテゴリーの新規客を開拓できますか？」と。

すると、その経営者は「直接的にはニッチ開拓にはつながりませんが、評判とか、あの会社は信頼できるという評価をもらえますよ。だから【強み】です」という。

残念ながら、これは強みにはなりません。直接的な購買動機にならないからです。

もっというなら、「接客もダメ、４Ｓ（整理・整頓・清潔・清掃）もダメだけど、この技術があるのは当社だけ」のほうが、顧客にとって直接的

な購買動機になるのです。

だから、「接客」とか「挨拶が良い」「事務所がキレイ」などということは、「良い点」ではあるけれど、「強み」とはいえないのです。

②「強み」は、ビジネスに直結する

強みとは、直接的な購買動機につながることです。しかも、全顧客ではなく、ある特定のニッチ市場やニッチカテゴリーの顧客にとって、購買動機に直結することが強みということです。

「当社の社員は若くて元気がよく、挨拶もしっかりできています。これが【強み】ですね」といっても、それは直接的な購買動機にはなりません。

逆に、「当社の社員は高齢者が多くて、なかなかいうことも聞かず、チャレンジもしませんし、行動も遅いんです。顧客の担当も若いから、うちの年配の担当とはギャップがあるみたいで。それが【弱み】です」という会社があります。

言葉尻だけをとらえれば、確かに「弱み」に聞こえなくはありません。しかし、その企業の「ニッチ市場やニッチカテゴリー」では、休日時間外の対応が差別化になるとしたら、どうでしょうか。

若手は残業や休日労働を嫌がります。しかし、年配者は「別にいいよ。休みに家にいたってすることないし」と、休日対応、時間外対応ができる可能性が高くなります。結果的に「年配従業員が【強み】に早変わり」するわけです。

③「良い点」だけでは、マーケティング戦略もビジョンも描けない

「良い点」は直接的な購買動機になりませんが、企業の評判や「見た目」では優位になります。

ただ、**良い点をいかに伸ばしても、今後のマーケティング戦略やビジョンは描けない**のも事実です。

後継者には「実のある強み」をどう作り上げるかに知恵を出してほしいと思います。「接客」「挨拶」「４S（整理・整頓・清潔・清掃）」などの基

本動作のレベルアップは大事ですが、企業の盛衰を直接決めるファクターではありません。
　未来を決めるのは「勝てるニッチ市場やニッチカテゴリー」に適合した、購買動機になる具体的な【強み】」です。

2 後継者の「強み」を再発見するためのチェックリスト

❶自分に自信を持たねば、組織を引っ張れない

　自信のある後継者に共通しているのは「自他ともに認める【強み】がある」ということです。それが子ども時代から遺伝的に醸成されたものなのか、社会人になってから育成されたものかは別として。

　自信がなければ、後継者として組織を引っ張っていくことはなかなか難しい。しかし、後継者の中には「自信ある強み」を明確に持っていない人もいます。どこか弱気で、ちょっと従業員から噛みつかれると自分の意見を引っ込めたり、指示に従わない反抗的な態度の従業員にすぐ妥協したり……。

　これは性格的なものによるようですが、自分の判断にどこか自信がないわけです。

　「後継者の自信」とは、どこから生まれるのでしょうか？

　やはり経験に裏打ちされていることが一番です。強烈な失敗経験や成功体験、心に印刻した事実など……その経験から「自分なりの判断基準」を持っているということです。

　だから、**有能な後継者は判断の基礎がぶれない**。逆にいうと、自信がない後継者はいつも判断にブレがあるものです。

❷自分の強み発見のためのチェックリスト

　後継者の「自信ある強み」を見つけるためには、どんなことを意識し、どこに着眼すべきでしょうか？

次表は、それを15のチェックリストにまとめたものです。各設問に沿って、自分の現在の姿をコメントしてください。
　できれば真剣に集中して回答してください。
　全部書き終えた後、自分が目指す「強み」の方向性が見えてきます。

【後継者の「強み発見」15のチェックリスト】

	「強み」発見チェックリスト	あなたの回答・コメント
1	直観的な思考が得意か、論理的な思考が得意か	
2	営業・開発・製造・設計・管理などで、自分に向いていると思われる部門は何か（他人からいわれても自分ではそう思わない場合は削除）	
3	過去の業務経験から「時間を忘れて没頭できる業務・作業」は何か	
4	昔から友人や知り合い、現在の関係者からいわれた、あなたへの褒め言葉は何か	
5	自社の好きな商品、好きな顧客は何か（なぜ好きなのか）、その理由が強み	
6	この分野・この商品だったら、自分が責任者になって開発・製造から販売までプロジェクトマネジメントしたいものは何か	
7	顧客に説得力がある話ができる自身の経験や知識・ノウハウは何か	
8	さまざまなタイプの顧客の中で自身が一番得意な顧客層や顧客属性は何か（こんな顧客なら提案もしたいし、自社の優位性を伝えられる）	
9	社内や同業他社も見て、この分野においては、自分がトップレベルと思っていることは何か	
10	自社の今の経営資源（ヒト・モノ・カネ・カンリ）や歴史的に培ってきた要素の中で、理屈抜きに好きな要素、これからも大事にしたいことは何か	
11	「この分野なら自分でマニュアルをつくれる」と自負している実務作業や職務能力は何か	
12	社内の業務改善で得意な分野は何か	
13	社内の誰もが反対しても、これだけは絶対やりたいと思っているビジネス（商品開発や事業開発等）は何か	
14	最近の新たな市場の変化から、このマーケット（ニッチ）なら、自社に可能性がありそうな分野はどこか	
15	自分の子どもに継がせようとしたら、どの分野を強化したいか	

3 後継者の「強み」を事業戦略に活かす

◼️1 苦手な分野で一生懸命頑張っても成果は出ない

　人はもともと「やらなければならないから頑張る人」よりも、「やりたいから頑張る人」のほうが成果を出すものです。
　いろいろな後継者と触れ合って感じることがあります。
　「この後継者は、こんな戦略はそれほど好きでもないのに、会社のためにやらざるを得ないから、仕方なしにやっているんだなあ」と。
　後継者に直接聞くと、「だって仕事ですから、わがままはいえませんよ。そうしないといけないから」と答えが返ってきます。
　この返答の真意は、「本当はやりたくないけれど、後継者だし、会社のために自分が我慢してでもやらないといけないから」との思いが含まれているようです。
　「苦手なのに、会社のためだからやる」
　「自分に合った戦略ではないけれど、会社のためだからやる」
　おそらく、こういう想いのまま業務に取り組んでも成果は出ないでしょう。昔からいわれるように「好きこそものの上手なれ」です。「自分の強み」が活かせれば、寝ても覚めてもそのことを考えます。考え続けることも苦になりません。だから結果を出せる可能性が高いのです。

◼️2 「得意な分野・好きな分野」と「ニッチ市場」をからめる

　後継者は、自分の得意な分野、好きなカテゴリーに「ニッチ市場」をからめる戦略を見つけましょう。

自分の性格や価値観、得意な分野以外にからめる「ニッチ市場」を目指すならば、信頼できる片腕や幹部がその責を負う場合に限る。しかし、自分以外にその任を委ねる場合は、もしその幹部に何かあった場合は、大きなリスクになります。

　「得意分野で好きなカテゴリーで攻められるニッチ市場なんて、そんな都合のよいものがあるはずない」と思っている後継者も多いことでしょう。何もツールもなく、ただ漠然と考えれば、そういう気持ちになるでしょう。しかし実際には、その「都合のよいニッチ市場戦略」を見出すために、各種の経営戦略立案ツールがあります。

　本書で解説する「実践 SWOT 分析」は、まさにそういうツールです。

3 今の事業戦略・組織の見直しにも「自分の強み」を活かす

　これから後継者が目指す「ニッチ市場やニッチカテゴリー」だけに対して「自分の強み」を適合させるわけではありません。既存の戦略や今の会社の構造や組織にも、「自分の強み」を反映していただきたい。

　先ほどの「後継者の「強み発見 15 のチェックリスト」に基づいて、自身の「強み」を整理していくと、即実践できそうな自分の能力や技術、資質を発見できるでしょう。

後継者の時代に合った戦略を引き出す「SWOT分析」

1 SWOT分析の基本

❶SWOT分析の概念

　SWOT分析は、1960年代に企業の評価のための戦略ツールとして、米スタンフォード大学のアルバート・ハンフリー氏によって開発されたものです。50年以上の歴史のある企業分析手法です。

■SWOT分析とは

自社の内部要因である「強み」(Strength) = S
自社の内部要因である「弱み」(Weakness) = W
外部環境で今後の可能性やチャンスを示す「機会」(Opportunities) = O
外部環境で今後のリスクや厳しい状況を示す「脅威」(Threat) = T

　さらにクロス分析として、外部環境と内部要因をそれぞれ掛け合わせて、その企業固有の戦略を抽出します。

> O×S（機会×強み）=**積極戦略**（今後の可能性・チャンスに自社の「強み」を活かした具体策）

> T×W（脅威×弱み）=**致命傷回避・撤退縮小戦略**（今後の脅威やリスクがあるのに、自社の「弱み」が災いして、危険な状況になっている。それを打開するための具体策）

> O×W（機会×弱み）=**改善戦略**（今後の可能性・チャンスがあるのに、弱みがネックになっているので、それを改善してチャンスをモノにする具体策）

> T×S（脅威×強み）＝差別化戦略（今後の脅威があり、他社も手を引く可能性があるので、自社の「強み」を活かして徹底した差別化やNo.1戦略を取る具体策）

　すでにSWOT分析を経験または学習している人には「脅威」×「弱み」＝「専守防衛または撤退」ではないのか、といった疑問があると思います。

　私たちが提唱している「致命傷回避・撤退縮小戦略」も基本は同じ意味ですが、専守防衛や単に撤退という表現がしっくりこなかったので、オリジナルに**「致命傷回避・撤退縮小戦略」**と表現しました。

　一般に知られているSWOT分析は、バランススコアカード（BSC）という経営戦略実現のための評価システムのツールとして使われることが多いようです。

　簡単な図にすると、以下のようになります。

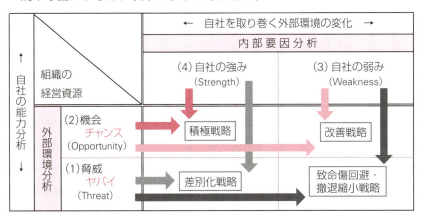

❷なぜ、SWOT分析が脚光を浴びるのか

　現在、各方面からSWOT分析を使った経営戦略づくりや、企業のビジョンづくり、事業計画書作成の依頼が増えています。
- 一般の企業や団体のビジョンや経営戦略を決める手段
- 金融機関が行う事業性評価の根拠づくり

●経営改善計画書や再生計画書作成における戦略立案のツール

　このように SWOT 分析が脚光を浴びているのには、いくつか理由があるようです。

　第1に、SWOT 分析というツールが非常に簡便でわかりやすく、素人でも進めやすいことが挙げられます。

　複雑な理論での経営戦略立案ツールやマーケティング戦略分析手法が、世間にはいろいろあります。SWOT 分析はその中でも、理解しやすく、検討しやすいという親近感があるようです。

　第2に、バランスのよい検討方法だということです。

　SWOT 分析は外部環境の「機会」と「脅威」という分析と、内部要因である「強み」と「弱み」を具体的に整理し、それを掛け合わせることで独自戦略を抽出します。したがって、一般的なマーケティング戦略のための分析手法などの外部環境中心の分析に比べ、内部の能力や現状をみて「できること」と「できないこと」を同時に検討できるという点が秀逸です。

　第3に、SWOT 分析は専門家が上から目線で指導するものではないということです。

　一般的なマーケティング戦略ツールは、専門家（コンサルタントなど）が分析し、その提案を受けるカタチが多いようです。しかし、SWOT 分析は、当事者である経営者や幹部を中心に、自分たちの肌感覚で戦略を立案します。コンサルタントやコーチはあくまでも「コーディネーター」役です。

　自分たちで考え意思決定した戦略だから、「納得度が高い」のも SWOT 分析を使うメリットだといえます。

　第4に、業界の常識論や一般的なあるべき論、大手・競合企業の模倣戦略に追従しない「独自の戦略アイデア」を出すからです。

　一般のマーケティング戦略手法だと、この業界は今後こうなる、今後消費者や顧客はこういう動きをする、社会や経済の変化からこうなる、競合がこう増える等々、同じ業種なら、ほとんど似たような結論になります。

　しかし SWOT 分析は、既存マーケットから「ニッチ市場」「ニッチカテ

ゴリー」を見出し、それに自社の「強み」を活かす戦略であることから、100社100様の結果になります。
　いわゆる**「オリジナル戦略」が出やすいのがSWOT分析**の特徴です。

2 SWOT分析のメリット

1 SWOT分析を実施したほうがよい企業の傾向

　では、このSWOT分析は、どういう企業や団体、事業所に効果があるのでしょうか？

　SWOT分析の目的は、マーケットの可能性を考えながら、自社の強みをぶつける戦略を導き、事業収益の拡大や構造改革を図ることです。

　したがって、今危機に瀕している企業・事業所はもちろん、今がよくても将来不透明な事業でもSWOT分析は有効となります。

　まずは下記に該当する企業や事業所は、少しでも早くSWOT分析を実施し、自社に合った「固有戦略」を打ち立てるべきです。

- 現在の商品や顧客では今後もジリ貧または赤字が続き、業績回復が見込めない
- 商材自体はニーズもあり、一気に減少することはないが、顧客戦略や売り方に問題があり、なかなか売上拡大が望めない
- 今の取扱商品の構成や依存度を大幅に見直し、顧客ニーズに合った新商材に取り組まないと、中期的にはもっと厳しい業績になりかねない
- 今の顧客構成や比重を大幅に見直し、新たな顧客層や口座を増やさない限り、中期的にはもっと厳しい業績になりかねない
- 貢献度の低い商品（低売上・低利益）があるのに、思い切った決断ができず、合理的な理由もないまま維持して、業績の足を引っ張っている

- 貢献度の低い顧客や手間のかかる顧客（売上も利益も少なく、非効率的）に対して、過去の付き合いなどから思い切った決断ができず、合理的な理由もないまま維持して、効率性や収益性の足を引っ張っている
- 「積極的に伸ばさなければならない商材」があるとわかっているのに、諸事情から思い切った投資や人材配置などの積極戦略に踏み込めない
- 中期的には厳しくなる一方の外部要因（市場環境、競合状況、価格競争等）があるのに、「ああでもないこうでこない」と議論ばかりで、新たな戦略になかなか舵を切れない
- 中期計画やビジョンが、根拠のない希望的な観測数値、「こうなったらいいなあ」という淡い思いで出来上がっている
- 将来に向けて希望が持てる具体的な方針や積極戦略がないので、中期ビジョンを明示できない。将来不安なはずなのに、具体的に声を上げ、リスクを負って行動しようとする経営陣も幹部もいない
- 金融機関からリスケ（返済猶予）を受けて、その度に計画通りに行かず、今度こそ本当に「実現可能性が高い抜本対策」の入った経営改善計画書を出さなければならない状況
- 後継者に将来の夢と希望を持たせるための戦略を一緒に考える機会がなく、このままなら後継者も承継したくないと考えられる
- 後継者・幹部には、数字の厳しさはいつもやかましくいっているが、外部環境や内部要因のリアリティある事実を理解させ、真剣に将来の対策を考えさせる教育をしていない
- 新規事業や周辺業務の拡大を図りたい思いはあるが、具体的な分析や根拠ある検討をしていない
- 経営者にはいろいろアイデアや考えがあるが一貫性がなく、まとまっていない
- 儲かりそうな商売や商品があればすぐに飛びつくが、長続きせず、失敗することが多く、結果を残すことが少ない

- 経営者自身、何に集中して取り組むべきか見えずにモチベーションも行動力も落ちている
- 業績不振理由を、幹部や社員への行動力や精神論への叱咤激励で片付けようとしている

このような状況にいくつかでも当てはまるなら、SWOT分析を速やかに実施したほうがよいでしょう。

2 SWOT分析をする6つのメリット

SWOT分析の優位性や効果がある企業の課題について詳述しましたが、実際にSWOT分析を行うと、どんなメリットがあるのでしょうか？　6項目に整理しました。

①経営改善計画書の具体的な根拠となり、金融機関から評価される

平成25年の中小企業金融円滑化法以降、倒産を防止するために金融機関から返済猶予のリ・スケジュールを受けている中小零細企業は多い。

しかし、当初提出した**根拠なき数値計画だけの経営改善計画書が予定通りの結果にならず、再提出を繰り返している**のが実態です。

金融機関は「実現可能な抜本対策」（実抜対策）の経営改善計画書を求めていますが、実際には帳尻合わせのコスト削減や撤退縮小を中心としたリストラ型計画書が多く、実抜対策の戦略や将来生き残るための具体策がない場合が多いようです。

SWOT分析なら、「機会」×「強み」＝「積極戦略」に多くの時間を割くため、収益改善につながる「未来が語れる経営改善計画書」の根拠を示すことができます。

金融機関も金融庁の指導のもと、あまりにいい加減な経営改善計画書を出す事業者や、具体性もなくただフォームに書いただけの計画書を出し、再生の見込みのない企業には廃業、転業を促す措置をとっていく可能性も

高くなるでしょう。

②客観分析することで「思いつき」や「独善」の戦略ではなく、合理性があるかどうか確認できる

トップダウン型が多い中小零細企業では、経営者の思いつきと思い込みで戦略や投資が決まることが一般的です。

しかし、多くの中小企業では、新戦略導入後のリスク分析やデメリット分析、顧客ニーズ分析、活用できる経営資源の論理的な仮説検証をしていないので、「自社に都合のよい条件」を並べているケースが多い。

特に業績悪化が続いている企業の場合、**経営者の焦りが強く、「自社に都合の良い条件」だけで、あたかも市場ニーズと思い込む傾向がある。**「都合のよい機会」を並べ立て、「脅威」や「弱み」には目を伏せてしまう。

SWOT分析なら「脅威分析」と「弱み分析」も行うので、「そんなに自社に都合のよい条件があるはずがない」という認識になります。

「思いつき」「独善」の防止にSWOT分析は有効です。

③どの戦略に重点的に投資すべきか、何を抑えるかがわかる

人も資金も制約が厳しい中小企業で、複数の戦略場面に資金投下や人員配置は不可能です。

SWOT分析やクロス分析から出た複数の「積極戦略」の優先順位を決めることで、その「絞り込み」が可能となります。

また、「致命傷回避・撤退縮小戦略」を検討することで、経営資源の分散を防ぎ、資金も人員も作業も「引き揚げる項目」が明確になります。

④自社の戦略を深く議論することで、SWOT分析の検討過程で最高の後継者教育、幹部教育になる

SWOT分析検討会では、事業の将来性や将来のリスク、限られた経営資源の分配など、客観的な分析により参加者が腹蔵なく議論していきます。その議論のプロセスが、何よりも幹部教育になります。

「業績が厳しいから、ただ頑張れ」とだけいわれても、そう尻に火はつかないものです。

こういう議論は**論理的に考えることで腑に落ちることができ、本当の危機感創出につながっていき**、納得度の高い議論になります。

⑤企業の新しい将来ビジョンが生まれ、将来へのモチベーションが高まる

SWOT 分析で「積極戦略」が固有名詞で表現され明確になれば、「こういうやり方をすれば、また復活できる」と期待度が高まります。

幹部も従業員も、今後良くなる可能性が見えるなら、努力の甲斐も、当面の我慢の甲斐もあるというものです。

SWOT 分析は未来の可能性を見つけ出すツールなのです。

⑥経営者自身、「何に特化すべきか」「どこから差別化するか」が明確になる

中小企業の場合、前向きな経営者はいつも「あれやこれや、何かいい方法はないか」と頭を悩まし、気を回しています（だから、いろいろなことに手を出してヤケドをすることにもつながるのだが）。

SWOT 分析で頭の中を整理し、「重点集中項目」がハッキリすることは、経営者自身のモチベーションアップにも大いに貢献します。

3 後継者中心に実践してきた SWOT 分析の結果

■1 200を超える事業所で実施してきた SWOT 分析

　私たちの SWOT 分析の実績数を合計すれば、200は優に超えています。そのうちの約80％は、後継者も交えた SWOT 分析です。
　現経営者（先代社長）は、過去の経験則に基づいた「リアルな戦略」を求めがちです。しかし、後継者は次代のニーズや業界の変化を加味した「未来の戦略」に眼が行きがちです。
　SWOT 分析は、そのどちらの要素も多角的に議論して、結果的に「未来につながるリアルな戦略」を見出すわけです。時代にあった戦略で、後継者が責任を持つ戦略を導き出します。

■2 後継者には論理的なビジョンが必要

　現社長や先代社長の中で、次のような口癖をお持ちの方はいませんか。
- この業界はこういうものだ
- そんな雲をつかむような商売は儲からない
- まずは一生懸命に努力する気持ちが大事だ
- 先頭に立って頑張らずに理屈だけで経営はうまくいかない　等々

まさにおっしゃる通りです。
　当然、後継者もそういう姿勢が大事なことはわかっているはずです。しかし、それと同じくらい、いやそれ以上に「今後も儲ける理由」を求めています。「努力すれば業績が上がる」だけではなく、「どういう努力が業績に直結するか」具体的に戦略を導き出したいのです。それが、企業のビジョ

ンだったり、中期経営戦略だったりするのです。

❸任せる側の先代も「後継者の戦略」に理屈があっていないと不安

権限移譲する側の現社長も、もしこんな後継者なら不安になります。
- これといった具体的な戦略もなく、従業員のガンバリを期待している
- 自分（現社長）のやり方を踏襲して、新たな戦略のアイデアがない
- 思いつきや思い込みで、いろいろなアイデアをいう
- 規模も経営資源も違う大手やライバルのやり方を真似ようとする

経験や勘でうまくいく時代ではありません。何をするにも、理由と根拠を明示しなければならない時代です。しかも、「勝ち残るため、生き残るための戦略」ですから、自社の経営資源を考えたうえで、妥当性のある戦略を見出すことが必要です。

したがって、規模も経営資源も「大企業や同業者と同じような戦略」はとれません。

❹後継者中心にSWOT分析し、その責任を取らせる

後継者中心のSWOT分析検討会では、後継者や若手で検討し、現社長や古参幹部は参加しない場合が多い。

現社長には不安もあります。
- 経験や現実の知識があまりなく、若手中心でリアルな戦略が見出せるだろうか
- 絵に描いた餅のような荒唐無稽な議論をしないだろうか
- 理想論ばかり、または現実論ばかりに偏重しないだろうか

しかし、後継者中心に若手で議論させた結果、出てきた結論なら、それを実行させて、責任を取らせるべきです。**自分たちで決めた戦略なら、本気になる**からです。

ただし、最初から大きな投資が必要な戦略は要注意です。

Chapter 3 後継者の時代に合った戦略を引き出す「SWOT分析」

ニッチ市場はどこに隠れているか

■1 5FORCE分析、PEST分析、3C分析、PPMの特徴

マーケティング戦略を検討する時、いろいろな分析手法があります。

代表的なものに、「5FORCE」「PEST分析」「3C分析」「PPM」があります。どれも今でも使われている外部環境分析用の手法です。

分析手法・フレームワーク	概要	特徴とメリット
5FORCE分析	5フォース分析とは、ハーバード・ビジネススクールのマイケル・E・ポーター教授によって開発された業界の収益分析のためのフレームワーク 5つの要因とは ①新規参入の脅威 ②業界内敵対関係の強さ ③代替品の脅威 ④買い手の交渉力 ⑤売り手の交渉力	業界を5つの要因(five force)でモデル化し、5つの要因について分析することでその業界の収益性や魅力度を明らかにする。5つの要因が与える業界への力が強ければ、その業界において収益を稼ぐことは困難であり脅威となる。逆に力が弱ければ機会となる。 5フォース分析は、経営者が競争戦略策定において効率的に自社にとっての機会、脅威を把握すること等に活用される。(コトバンク：人材マネジメント用語集より)
PEST分析	企業を取り巻くマクロ環境のうち、現在ないし将来の事業活動に影響を及ぼす可能性のある要素を把握するため、PESTフレームワークを使って外部環境を洗い出し、その影響度や変化を分析する手法のこと。経営戦略策定や事業計画立案、市場調査におけるマクロ環境分析の基本ツールとして知られている。	PESTとは、政治的(P＝political)、経済的(E＝economic)、社会的(S＝social)、技術的(T＝technological)の頭文字を取った造語で、マクロ環境を網羅的に見ていくためのフレームワークである。 PEST分析では、この4つの視点で外部環境に潜む、自社にプラスないしマイナスのインパクトを与え得る要因を整理し、その影響度を評価していく。 (ITmedia エンタープライズ：情報マネジメント用語辞典より)

55

3C分析	3Cとは、Customer（市場・顧客）・Competitor（競合）・Company（自社）の3つの言葉の頭文字であり自社や事業部等がどのような経営環境に置かれているのか現状を分析し、経営課題発見、戦略代替案の発想などに活用するフレームワークである。	Customer（市場・顧客）・Competitor（競合）の外部環境分析から、その事業でのビジネスのKSF（key success factorの略 成功要因）を発見し、続いてCompany（自社）分析によって自社の現状とKSF（重要成功要因）とのギャップを捉えて戦略を策定し、主にマーケティング分野等で活用されていたものが広く経営分析ツールとして広がった。（コトバンク：人材マネジメント用語集より）
PPM	PPMとは、プロダクト・ポートフォリオ・マネジメントの略称。 複数の製品に対して、経営資源の配分や戦略目標の策定などを行うこと。ボストンコンサルティンググループが提唱したマトリクスが有名。 PPMマトリクスでは市場の成長率と相対的マーケットシェアを基軸に、自社製品のポジショニング4種類で分析、評価する。	①花形商品（市場成長大、シェア大）将来的には「金のなる木」へとポジションを移し収益の中心商品となる。 ②金のなる木（市場成長小、シェア大）シェアが高く、成熟市場のため収益の中心をなす製品。 ③問題児（市場成長大、シェア小）急成長する市場のため大きな設備投資が必要だが、市場シェアの確保が重要課題。 ④負け犬（市場成長小、シェア小）大きな収益源になる可能性は低い。 （コトバンク：人材マネジメント用語集より）

　そこで、私たちが提唱するSWOT分析の「機会分析」では、これらの「マーケット分析」の要素や外部環境に起因するマーケティング戦略の要素を加味し、独自の「ニッチ市場」をあぶり出すヒントを20に整理しました。

　この20のヒントによって、これまで多くの中小企業や事業所で、「独自のニッチ市場」「ニッチカテゴリー」を抽出してきました。

　このヒントは、実際のSWOT分析コンサルティングの中でしかオープンにしなかったものです。本書で初めてそのノウハウを公開します。

2 ニッチ市場のヒント20

　「ニッチ市場」や「ニッチカテゴリー」をあぶり出すポイントは、いろいろな角度から、自社の顧客や商品の課題、ニーズを見直すことです。

　これから述べる「**ニッチ市場のヒント20**」は、そのままSWOT分析の「機

会分析」に使うヒントにも関係しています。

この 20 のヒントを見ればわかりますが、

「現状の顧客や商品について少しだけ、角度を変えて検討してみる」

「　　　　〃　　　　ちょっと小さく小分けして検討してみる」

「　　　　〃　　　　俯瞰して検討してみる」

顧客や商品は今まで通り、真正面から見て「こういうものだ」と常識的に考えないことが大事です。

	ニッチ市場検討のヒント	考え方
1	自社保有の技術、ノウハウで主力チャネルのビジネスベースに乗っていないが、角度を変えたら、その「技術」「ノウハウ」を求めるユーザー・業界はどこか	メインのビジネスの経営資源ではないが、攻め方次第では、新規開拓につながる技術やノウハウ
2	同業他社が手間やコスト面からやっていないことで、自社も「止めたいけれど」実際に続けていること、または顧客評価が高いことは何か	その手間をとことん標準化し、それを差別化の武器として、横展開や新規開拓を図る
3	今の競合の激しい商流（顧客チャネル・ルート）を減らし、他の顧客ゾーンや新チャネルが望めるビジネスモデルにした場合、増える可能性のある顧客チャネルは何か	問屋経由や代理店経由なら直販スタイルをとる。または現状が消費者直結主流なら、業務用経由の商品をつくり、量販を目指す
4	商品・サービスのスペックを絞り込み、「限定用途」「ニーズ特化」の商品を開発販売すれば、販売増になる可能性は何か	絞り込んだスペックで低価格高粗利の実現や、滅多に使われないがこれがないと困る商品を高価格にし、ネットを通じて全国販売する
5	この店しかない商品、この地域しかない商品にすることで、「わざわざ来たくなる商品」をつくろうとしたら、どんなものがあるか	限定のブランディングをすることで、「あそこしかない」を作り出す
6	季節・期間で繁閑の差がある事業の場合、閑散期だけに絞ったビジネスモデル・提供商品ではどんなものが可能か	稼働率重視を考え、低利益でもよいビジネスモデルにして、閑散期のコストを吸収する

	ニッチ市場検討のヒント	考え方
7	商品・サービスの特性から流通チャネルのコラボで、自社にもよく、提携先にもよい「win-winの関係」が期待できる業界はどこか	特定業界向けの提携企画書やPR文書、Webをつくり、業務提携をする。その場合、自社の顧客もオープンに活用できるメリットを相手方に提案すると話が早い
8	同業者や競合者の中で「このビジネス分野・商品を止めたい」と思っている可能性があるところに、共同開発、販売提携、場合によっては買収提案をするとすれば、どんな特性を持った同業者か	競合先も消耗戦に疲れ、止めたいビジネスがある。両社が提携することで、相手も自社もwin-winになる
9	超高価商品・超プレミアム商品・超限定商品を出すことで、どんな新たな顧客が開拓可能か	ちょっとくらいの差別化ではなく、とんでもない高価格商品とか、限定商品をWebで売ったり、話題性やニュース性を出すことでPRにつなげる
10	規格化や標準化でコスト削減を目指す競合者とは逆張りで、「完全個別ニーズ対応型」の面倒くさいことを打ち出し、かつ高利益率になるとしたら、どんな商品・サービスか	オーダーメイドなのに、大手の標準化商品と価格競争してはいけない。オーダーメイドのメリットを全面に出し、高価格・数量限定で販売する
11	競合者、同業者の苦手な部分・強みではない部分の業務や製造を請け負ったり、OEM（相手先ブランドでの製造）受託して、競合者をライバルではなく、顧客としてできる戦略はないか	別会社やグループ会社で専門の受託サービスを立ち上げることで、新たなビジネスモデルができる。昨日の敵は今日の友
12	自社でコストパフォーマンスの高いビジネスプロセスを、その分野ではコストパフォーマンスが悪いと予想される競合者・同業者に提供できないか	どんな競合者・同業者も、すべて自前で高いコストパフォーマンスがあるとは限らない。業務プロセスでライバルと手を握り、販売で競争することも多い戦略である
13	元々の商品サービスのスペックを大きく変えずに、「新たな用途開発」「新たな使い方」「新たな付加価値」が出る可能性があるとすれば、どう変えて、どんな新たな顧客開発が可能か	既存商品・サービススペックを違う角度から使えば、新たなニーズを取り込める商品。結果的にもともと行っている業務なら低価格で新価値を提供できる

	ニッチ市場検討のヒント	考え方
14	付加価値シリーズ・付加価値ブランドを開発し、高価格戦略をとるとしたら、どんな商材をどう売るべきか	値上げと思われない戦略は、別ブランド戦略である
15	Web、SNSを活用して、通販、直販、顧客との直接のネットワークを構築すれば、さらにどんなビジネスチャンスの拡大が可能か	「インターネットで売れない商品はない」といわれる中で、既存商品や新商品をWebで売るためには、どんな規格で、どんな手法で、どんなサイトで行えば可能か
16	ネーミング・パッケージ・容量・流通ルートなどを変えることで、新たな顧客の取り込みや既存客へのアイテム増につながる可能性はないか	販売ターゲットを変えることで、既存商品の見た目、規格変更、流通ルートの変更はどんなことが可能か
17	既存商品の「周辺サービス」「周辺業務」「周辺商品」を受注しようとすれば、どういう商材が可能か	既存商品では競合との価格競争になるが、既存商品の周辺商品・サービスをパッケージ化することで、同業者にも営業が可能ではないか
18	既存商品の「リペア・リサイクル・リフォームによる低価格の付加価値商品」を特定商材やサービスで実現することで、販売拡大が可能になるとすればどんなことか	財布の紐が固い時代、買い替え頻度が延びて、本商品を長持ちさせるというニーズに応えて、3Rを商品パッケージにするにはどんなことが考えられるか
19	既存客からさらにビジネスチャンスをつかむアフターサービスや顧客管理・メンテナンスは、具体的にどういう強化を図れば既存客売上増が見込めるか	どんな有料のアフターサービスなら顧客は納得するか。ライバルと差別化できるアフターサービスは何か。アフターサービスをブランド化するには何が必要か
20	自社の商品・サービスの延長線上に、少子高齢化や人口減に伴う、新しい価値観や社会経済構造から、増えていくニーズはどんなものか	構造変化があれば、そこに新たなビジネスニーズが生まれる

5 自社の経営資源が「強み」とわかればヤル気になる

1 パッと見てわかる「強み」は少ない

　一般の中小企業において、大企業や競合他社と比較して、圧倒的に優位な「強み」はなかなかないものです。
　一般的には「強み」は、現在の経営資源から見つけます。
　経営資源とは、次のようなものです。
- ヒト……………人材の質量
- モノ……………設備、商品力、動産
- カネ……………資金、信用力
- カンリ…………管理ノウハウ、ITシステム、セキュリティ等
- ギジュツ………生産ノウハウ、知識、技術、ソフト力
- ジョウホウ……Web、IT、先端情報
- コキャク………顧客基盤、具体的なリスト等
- ブランド………認知度、信頼性

　これらのどれをとっても、そこに優位性がないと「自社には強みといえるものがないからダメだ」と思いがちです。しかし、そのように「強み」を大きくとらえる必要はありません。

2 ニッチ市場に使える強みこそ「本当の強み」

　「強み」は、パッと見てわかるものではありません。ここでは「ニッチ市場」「ニッチカテゴリー」に適合する強みかどうかが重要になります。
　業界の中では強みがあまりなく弱みばかりが目立つ企業でも、ある特定

のニッチ市場、ニッチカテゴリーでは、使える強みや経営資源があるかもしれません。

全体的に弱くても、「ある部分だけ」「ある顧客だけ」「あるニーズだけ」「ある地域だけ」「あるテーマだけ」に強みを発揮できる経営資源こそ、「強み」といえるのです。

ニッチ市場やニッチカテゴリーに使える強みは、多くの場合は小さな強みの場合が多い。

❸不良資産と思っていたものが経営資源に変わる

これまで「自社の弱み」「自社の不良資産」「自社のネック」だと思っていたことが、じつは「**勝負できる武器に変わる**」瞬間がある。それは、**狙うターゲットを変えた時**です。

今までのように、
「何でも売る」
「売れるものは売る」
「値下げしてでも売る」
「売るために人を採用してでも売る」
「利益がなくても我慢して売る」
「潰れるより売上があるほうがまし」
との考えで売ってきた企業は、一般的な経営資源の不足に悩んでいます。
「もっと〇〇があれば売れたのに……」
「もし、◇◇でなかったら、売れたのに……」
いわゆる「タラレバ」というものです。

しかし、ニッチ市場やニッチカテゴリーにターゲットを変えると、まだまだ「使えそうな経営資源」が見つかることが多々あります。

そうやって、「まだまだ自社には使える経営資源」「強みになる経営資源」があるとわかれば、後継者もやる気になるというものです。

6 「強み」と「脅威」を掛ければ、先代ができなかったリストラ策も覚悟できる

■1 先代が事業撤退縮小・リストラを決断できない理由

　その地域で長年経営してきた現社長が、思い切ったリストラを決断できない理由があります。

　瀬戸際での切羽詰まった状態ならば、なりふりかまわず「規模縮小」「事業撤退」「リストラ」の判断をするでしょうが、まだそこまでは行っていないと思っている経営者は、とにかく遅疑逡巡するケースが多いのです。

　実際に、どういう理由から「厳しい決断ができない」のでしょうか？ 12の理由に集約してみました。

　①歴史的に長い事業の場合、自分の代で縮小撤退する恥
　②地域や業界の噂や評判、世間体
　③これまで投資してきたことが水泡に帰すことへの未練
　④「これから回収できるのでは」という淡い期待
　⑤リストラを回避したい思い
　⑥社長以外意思決定できないのに、役員会で決めようとする責任回避
　⑦一気に売上ダウンすることへの影響（資金繰り悪化、返済困難）
　⑧経営者の一からの出直しに対する覚悟不足
　⑨リストラによる従業員の動揺、組織の混乱
　⑩一部の顧客からの「もっとがんばれ」という保証なき期待
　⑪一族の反抗
　⑫リストラ後の成長戦略、利益確保戦略が不明

　この理由は後継者であっても同じ思いがあります。

　しかし、**一番の課題は、12番目の「リストラ後の成長戦略が不明」**だ

からではないでしょうか。厳しい決断の後に、可能性のある未来があるなら、思い切った決断はできます。しかし、「今が厳しいからリストラをするが、その後もより厳しい」なら、誰だって遅疑逡巡します。

❷後継者が行う事業撤退縮小・リストラはその後の論理的な裏づけが必要

　後継者が「事業撤退・縮小等のリストラ」をするには、その後のことについての青写真が必要です。実際に、経営改善計画や再生計画書を作成するとき、ここが一番の課題です。

　当面のコスト削減や事業撤退縮小は計画できるし、何とか実行もできるでしょう。しかし、仮に金融機関から、返済猶予のお墨付きをもらっても、債務がカットされたわけではありません。ただ支払いを猶予されただけです。だから、猶予期間に「返済原資確保のための収益戦略」を決めて実行しなければなりません。

　その裏づけこそ、収益につながる「ニッチ市場やニッチカテゴリー」と、自社の「強み」の掛け合わせ戦略なのです。

　後継者にしても、**リストラ後の収益戦略にある程度目星がつけば、思い切って決断もできるし、その後のビジョンも描ける**。

7 独自の中期ビジョンが明確になればヤル気になる

🔳中期ビジョンとはどんなもの？

　実際に中期ビジョンを立てるためのSWOT分析については後述しているので、それを参考にしてください。

　元来「中期ビジョン」とは、3～5年先の自社のあるべき姿を明確に文書化したものです。これは、理念や社是、経営基本方針とは異なり、具体的な戦略や企業体制がイメージできるものでなければなりません。

　中期ビジョンに不可欠な要素としては次のようなものがあります。

- ニッチ市場やニッチカテゴリー──どういう市場・分野を強化するか、シェアを取るか、先鞭をつけるか
- 重点商品政策──商品開発・開拓、商品の取捨選択、商品のブラッシュアップ、専門技能者等の社内体制
- 重点顧客政策──顧客開拓、顧客管理、既存客フォロー、専門の社内体制
- ビジョンを反映した「中期利益計画（損益計画）」
- ビジョンを実行するためのロードマップ（工程表）

　ビジョンが明確なら組織のまとまり感もよくなり、全従業員のベクトルも合わせやすくなる。

　ここで大事なことは、「ビジョン」とは、「強化すべきこと」と「強化しないこと」をハッキリさせることです。**理念的な内容や総論的な内容を「ビジョン」とはいわない。**

❷ 中期ビジョンに必要な着眼点

　後継者中期ビジョンは、「変革していくことが前提の経営計画」です。現状の延長線上に3年後、5年後があると確信している企業なら、「理念」や「基本方針」だけでもかまいません。
　しかし、不透明な未来に対して、「勝てる戦略」を明確にすることが中期ビジョンの目的でもあります。そこで、概念的ですが、中期ビジョンに入れたい着眼点は、次の4つになります。

　①新たに始めること
　新たな戦略、新たな商品、新たな顧客、新たな取り組みを始めて、3年後の礎にすることが何らかの形で入っていなければなりません。

　②減らす・止めること
　選択と集中により、ニッチ市場やニッチカテゴリーに経営資源を重点的に配分するなら、「既存の収益性の低い取り組み、商品、顧客、市場」のどれかを撤退縮小しなければなりません。ただし、これは内々に進めることが重要です。

　③変革・革新すること
　今行っている戦略およびその商品、顧客、市場について、何をどう変えるか、姿形を変えるか、方法を変えるか、つまりカイゼンです。

　④集中して徹底すること
　経営重点課題に絞って、集中的に行うことです。選択と集中の結果、「○○といえば、当社だね」「△△の当社」といわれるぐらい、特化することを意味します。

8 大手企業の戦略や常識論ではない「自分たちの肌感覚の戦略」ならイメージが湧く

1 業界が同じだから同じ戦略はありえない

業界専門コンサルタントの意見を聞くと、「この業界は大手中心に、今こういう動きをしているので、早く着手しなければ生き残れない」といった指導を受けることが多いのではないでしょうか。

この指摘はマクロ的な視点からいえば、正解です。いわゆる「業界の動向」といったものですから。

ただ、規模も経営資源も違い、ターゲット市場・地域も違う大手と同じ戦略や方向性を踏襲していくことが「中小企業の生き残り戦略」とは思えない。

なぜなら、「ランチェスター戦略」流でいえば、大手は「強者の戦略」、中小は「弱者の戦略」を使うことが是とされています。

変な話、大手が撤退の方向の戦略をとっていても、中小企業は特化型で差別化し、積極的に市場攻略してもよいのです。なぜなら、該当する市場がもともと小さいし、さらに特定のセグメントされた市場なら、「生き残れる」可能性があるからです。

2 業界の常識論こそ、儲からない理由

「逆張りの経営」で収益を上げる中小企業もあります。世間の動きと真逆な戦略をとる方法です。

例えば、日本人は手厚いサービスがないと買わないから、付加価値のある商品やサービスの経営戦略をとる企業が多い。逆張りとは、「そんなム

ダなサービスをとことん削って、超低価格で提供したほうが顧客は喜ぶ」という戦略です。

このどちらをとるかの判断基準は、どの顧客層、市場をターゲットにしているかで決まります。

低価格よりも上品なサービスを要求する顧客層を狙っているなら前者でしょう。サービスより、コストを意識する顧客層がターゲットなら後者になります。

ところで、常識的な経営をしている同業者の経営を見てください。企業組合があり、そこに昔から加盟している企業の業績を見てください。

「そこは、儲かっていますか？」

このように聞くと、「いやあ、どこもかしこも厳しいね」という返事が多いはずです。**今の時代、普通の業界の常識的な戦略で経営をしている同業者は皆、厳しい**ということです。

「儲かっている同業者はどんなことをしていますか？」と聞くと、
- やり方が違う
- 業界を知らないで非常識なことをしている
- 抜け駆けも甚だしい
- 若い経営者だから斬新だ

等々といった言葉が返ってきます。

儲かっている同業者は、いわゆる「業界の異端児」が多いのです。ということは、「業界の常識では儲からない」ということです。

3 自分たちの肌感覚の固有戦略、好きな戦略ならばやる気になる

経営者や後継者にこんなことをよく聞くことがあります。
あなたならどう答えるでしょうか？
- 社長、専務、同業者と同じ戦略をやっていて楽しいですか？
- 今の取り組みはワクワクしますか？
- 将来的に何らかの差別化したイメージが湧きますか？

すると、こんな答えが返ってきます。
- 潰さないためには仕事だから仕方ない
- 経営に好きも嫌いもない。やらなければならないんだから
- とにかく真面目に一生懸命やるだけだよ。結果はついてくるから

　正直にいうと、**経営者や後継者自身がこういう「やらされ感」いっぱいの思考では、面白くないだろうし、会社も暗い雰囲気になっている**のではないでしょうか。

　「可能性のあるニッチ市場やニッチカテゴリー」に自社の「固有の強み」をぶつけた新たな戦略なら、おそらくワクワクし、将来のイメージも湧き、楽しみながら取り組めるのではないでしょうか。

　今回のメインテーマである「事業承継成功のための実践 SWOT 分析」を通じて、それを発見し、計画化し、アクションプランに落とし込んでいくことが本書の目的です。

　本書で定義している SWOT 分析は、業界の常識にこだわらない、自社独自の戦略立案が立てやすいメソッドです。

　確かにそこに至るまでには、「好きでもない戦略」をせざるを得ない場合もありますが、やはり「やっていて楽しい戦略」が長続きするし、結果も出やすいのは、長年のコンサル経験からも間違いないようです。

Chapter 4

実践的な経営改善計画書・事業計画書の根拠を作成

1 一般的な経営改善計画書にありがちな特性

◼1 欠けている「商材対策の深掘り」

　金融支援・返済猶予が前提の経営改善計画書だから、金融機関が本来求めていることは、「返済資金」を捻出できるかどうかです。

　しかし、**多くの経営改善計画書（会計事務所などの認定支援機関が作成を支援しているケースが多い）は、コスト削減中心であり、成長戦略が乏しく抽象論だけのもの**が多いようです。特に、再生、経営改善のための商材具体策の根拠が乏しい。

　この場合の「商材」とは、その言葉通り「商売の材料になるすべて」です。商品戦略、顧客戦略、価格戦略、サービス戦略、ターゲット戦略などを含みます。仮に「商材対策」があったとしても、それを実現させるための戦略や仕掛け対策などの「具体性」が乏しいなら、「コスト削減中心」のじり貧の計画書しか生まれないでしょう。

　よくありがちな対策に、**当該企業の「弱み」を修復させる方針や対策を列挙し、それが「経営改善の肝」みたいになっているものも散見される**。ハッキリいって実現不可能な計画書です。

　「弱み」とは、いい換えれば「苦手」ということです。その**苦手なことを改善するのを強要すると、人も組織も挫折してしまう**。「弱みの克服」といえば、聞こえはいいのですが、現実的には難しく、それが経営改善計画書のベースになるなら、ほとんど達成不可能になります。

2 経営改善計画書が絵に描いた餅になる理由

さまざまな会社の経営改善計画書を見て思うことは、「絵に描いた餅になりやすい計画書」には、ある共通した要素があることです。

その内容は前項で指摘していますが、マインド面やそもそも論からすると、以下のことがいえます。

- 銀行からいわれたから仕方なしに作成した「経営改善計画書」であり、経営者自身が自主的に考え、自主的に経営改善したい意思が入っていない。（経営者自身のモラルハザードですが、こういう受け身の経営者も少なくない）

- 認定支援機関の会計事務所が指導する「経営改善計画書」では、往々にコスト削減中心だったり、売上対策も総花的で固有の具体策まで入り込めていない。（ある意味致し方ないことです。多くの会計事務所は経営コンサルティングやマーケティングに精通していないから）

- 経営改善計画書の中身が、経営者のやる気や夢に直結していない。（前章で指摘した通り、弱み克服や苦手改善、縮小撤退、リストラなどのマイナス的で暗い戦略が多いと、前向きなヤル気が出にくい）

- こうしたら経営改善できる・再生できるというイメージが湧かない。（「勝てるニッチ市場やニッチカテゴリー」に絞った戦略の具体性がないから、イメージが湧かない。イメージが湧かないと行動につながらない）

2 SWOT分析から作成する経営改善計画書作成のステップ

❶これまでの「経営改善計画書」「事業性評価」とは違う切り口

　SWOT分析を使った経営改善計画書の作成は、従来のフォームとは違う進め方になります。

　一般の経営改善計画書に使うフォームに記載するコンテンツも、SWOT分析からもってくることができます。

- 概要や窮境要因……SWOT分析の弱み・脅威を参考に
- 改善の方向性……クロス分析の「積極戦略」「致命傷回避・撤退縮小戦略」から
- 外部環境……SWOT分析の「機会」「脅威」から
- 計数計画……次項の各ステップを参考に

　本書では、「ニッチ市場」や「ニッチカテゴリー」の戦略を決める前に、

■SWOT分析を使った経営改善計画書作成の各ステップ

第1ステップ	現状推移の場合の「破局のシナリオ」(中期経営予測)
第2ステップ	必要売上・粗利と現実との差額を算出(ベース－必要売上＝差額対策)
第3ステップ	「差額対策」を捻出するSWOTクロス分析による新戦略立案
第4ステップ	「中期戦略体系図(実抜体系図)」を作成
第5ステップ	新戦略・新具体策を入れた「概算数値整理シート」を記入
第6ステップ	新戦略・新具体策を数値化した「新中期利益計画書」を作成
第7ステップ	「中期行動工程表」(ロードマップ)を作成
第8ステップ	「単年度行動計画」(アクションプラン)を作成

できるコスト削減はしたうえで、「返済原資を捻出するために、いくらの売上・粗利が不足しているか」を先に出し、クロス分析でそれに見合った各戦略を決めます。

したがって、最初からSWOTクロス分析の目的が決まっています。では、各ステップに沿って検討していきます。

2 第1ステップ…現状推移の場合の「破局のシナリオ」(中期経営予測)

「破局のシナリオ」とは、「普通に努力はするが、新戦略を含まず、さらにＳＷＯＴ分析における脅威を反映した予想損益」をみることで、今よりどう悪化するかを整理することです。次ページの図表（実際の記入例）を参考にしてください。

- まず「③昨年実績」の売上〜経常利益まで記入します。
- 次に「④今期の予想（今期計画）」を売上〜経常利益まで記入します。
- 次に「⑤来期予想（来期計画）」を売上〜経常利益まで記入します。
- 次に「⑦変動可能性の読み」を記入します。これは、過去3年間の傾向から、これから3年間でどんな変動が起こるかの数値の根拠です。経費は取り組むコストダウンを意味します。
- 次に「⑥経費削減努力を入れた後の原価・経費」です。現状から3年後の予測（千円）」を記入します。
- 最後に「⑧売上・原価・経費・利益率等に与えるマイナスインパクトの概算数値（額、％、個数）」を記入します。

これらの項目に、すでに実行予定の具体策があれば、それを売上や原価、経費に組み込んだ数字にします。

■現状推移の場合の「破局のシナリオ」

科目	①部門	②商品又は顧客	③昨年実績（千円）	④今期（　）年予想（千円）	⑤来期（　）年予想（千円）	⑥経費削減努力を入れた後の原価・経費で現状対策で3年後の予測（千円）
売上	（卸）部門	A	60,000	54,000	48,600	35,429
		B	65,000	61,750	58,663	50,296
		C	2,000	2,000	2,000	2,000
		D	50,000	53,500	57,245	70,128
	売上合計		177,000	171,250	166,508	157,853
原価	（卸）部門	原材料・仕入	25,000	25,750	26,523	29,175
		外注費	5,000	5,000	5,000	5,000
		労務費	44,000	46,200	46,200	48,510
		現場経費	1,000	1,000	1,000	1,000
		その他原価	2,000	2,000	2,000	2,000
	原価計		77,000	79,950	80,723	85,685
	粗利合計		100,000	91,300	85,785	72,168
	平均粗利率		56.5%	53.3%	51.5%	45.7%
販売費及び一般管理費		役員報酬（法定福利・福利厚生込）	15,000	10,000	10,000	10,000
		人件費（法定福利・福利厚生込）	50,000	51,000	52,000	52,000
		雑給	2,000	1,800	1,600	1,200
		地代家賃	5,000	5,000	4,800	4,800
		旅費交通費	3,000	2,500	2,000	1,500
		販促広告費	5,000	4,500	4,000	4,000
		運賃	3,000	2,700	2,500	2,500
		接待交際費	2,000	1,000	1,000	1,000
		減価償却費	3,000	3,000	3,000	3,000
		什器備品費	1,000	900	800	800
		事務消耗品費	3,000	2,500	2,500	2,500
		教育研修費（FC手数料含む）	4,000	4,000	4,000	4,000
		雑費	4,000	3,000	3,000	3,000
		販売費・一般管理費合計	100,000	91,900	91,200	90,300
	営業利益		0	−600	−5,415	−18,132
	営業外支出		2,000	2,000	2,000	2,000
	営業外収益		1,000	1,000	1,000	1,000
	経常利益		−1,000	−1,600	−6,415	−19,132

Chapter 4　実践的な経営改善計画書・事業計画書の根拠を作成

⑦変動可能性の読み	⑧売上・原価・経費・利益率等に与えるマイナスインパクトの概算数値 (額、％、個数)			
			科目	内容
毎年年率10％ダウン	売上・粗利関係	1	A	競合激化と市場縮小で年率10％ダウンを予想
毎年年率5％ダウン				
現状維持		2	B	ニーズはあるが、価格下落が5％続くと予想
毎年7％アップ				
		3	C	小さい売上だが、当面現状維持
10％アップ予定				
現状維持		4	D	直接施工部門は堅調に伸びる。平均伸長率は7％で計算
5％アップ予定				
現状維持		5		
現状維持				
	原価関係	1	原材料	輸入金属加工品の価格が上昇。毎年103％で計算
		2	外注費	既存外注費は値下げ交渉を行うが、増えるDの外注先は値下げが不可能なので現状維持
500万円ダウン				
200万円アップ		3	労務費	残業規制を行う事で、パート1名増の計画
80万円ダウン				
20万円ダウン		4		
150万円ダウン				
100万円ダウン	その他経費関係	1	役員報酬	社長、専務の報酬を500万円ダウン（翌年には）
50万円ダウン				
100万円ダウン		2	人件費	パート1名増員
現状維持				
20万円ダウン		3	雑給	パート採用でアルバイトや臨時は廃止
50万円ダウン				
現状維持		4	地代家賃	家主と交渉。年間20万円ダウン
100万円ダウン				
		5	販促費・物流費	慣例的なサンプル提供の縮小で販促費も物流費もダウン
		6	他経費	努力で150万円のダウン
		7		
		8		

3 第2ステップ…必要売上・粗利と現実との差額を算出
（ベース － 必要売上 ＝ 差額対策）

「破局のシナリオ」で、このままの通常の努力では、3年後には大きな赤字が出る可能性がわかったとします。
　そして、実際には、返済原資を考えると「必要経常利益」はいくらなのかを決めます。図表のように、3年後約2,000万円の赤字の可能性があり、必要経常利益は1,000万円だとすれば、そこに3,000万円の「粗利」を増やさなければなりません。（※販売費・一般管理費は絞るだけ絞ったとして）
　その過程で、粗利を確保できる粗利率で割れば、必要売上が出ますが、この図表では再度原価のダウンを図っているので、粗利率が若干増えています。
　しかし、概算で計算しても⑥のシミュレーションを見れば、6,000万円の売上増がないと、1,000万円の経常利益は稼げないことがわかります。

4 第3ステップ…「差額対策」を捻出する新戦略立案

　この6,000万円の売上増のために、または3,000万円の粗利増のために、SWOTクロス分析をしていきます。
　ここでよく議論するのは、単に売上を6,000万円伸ばすことに血道を上げると、また粗利が下がる傾向になり、赤字縮小効果はなくなるということです。
　そこで、**粗利益額の高い商品・サービスのビジネスとは何かをSWOTクロス分析で議論**します。
　そこには、ニッチ市場やニッチカテゴリーに適合させる「自社の強み」を活かす戦略が出てこなければなりません。ただし、SWOTクロス分析の過程で、想定外の「致命傷回避・撤退縮小戦略」が議論され、それを意思決定したなら、再度「新中期の収支計画」を作成するようになります。

Column ❶ 経営診断とSWOT分析の違い

コンサルタントが使う現状認識ツールとして、「経営診断」があります。別名「企業診断」ともいいますが、経営診断とSWOT分析を比較してみました。

	経営診断		SWOT分析
①	第3者（中小企業診断士、経営コンサルタント他）主導による現状分析で改善策が提示される	➡	主体は企業経営者や役員幹部で、コンサルタントはコーディネーター機能を発揮
②	「自分自身（自社）のことは自分ではわからない」という前提に立ち、客観性を重要視する	➡	「企業の課題、市場のことは企業が一番知っている」という前提に立ち、コンサルタントはヒントを与える立場
③	予め決まった機能別・部門別の診断チェックリストに基づき、第3者がヒアリングし、調査分析を行う（標準的な診断チェックリストがあるが、当然コンサルタントによって結果は異なる）	➡	基本的な「機会」「脅威」「強み」「弱み」の切り口はあるが、業種や企業特性によって切り込み方は異なる。当然コンサルタントの力量によって結果が異なる
④	診断結果は、「診断士・コンサルタントから『こうすべきだ』と具体的な対策」が提示される。その通り行うかどうかは、企業次第であり、納得しなければ行動しない	➡	コンサルタントは気づきを与えるコーディネート役であり、企業側の主体的な考えに沿った戦略が決められる。企業側が納得しているので、行動しやすい

企業側の主体性を考え、企業自ら行動に移させるには、「SWOT分析」が望ましい（特に中小企業）。ただし、社内の意見対立があってまとめにくい場合や、「思い込み」ではなく客観分析が必要な場合は、第3者の意見を求める「経営診断」が必要です。

■必要売上・粗利と「破局のシナリオ」との差額整理表

科目	①部門	②商品又は顧客	③昨年実績(千円)	④経費削減努力を入れた後の原価・経費、現状対策で3年後の予測（千円）	⑤変動可能性の読み
売上	(卸)部門	A	60,000	35,429	毎年年率10%ダウン
		B	65,000	50,296	毎年年率5%ダウン
		C	2,000	2,000	現状維持
		D	50,000	70,128	毎年7%アップ
		売上合計	177,000	157,853	
原価	(卸)部門	原材料・仕入	25,000	29,175	10%アップ予定
		外注費	5,000	5,000	現状維持
		労務費	44,000	48,510	5%アップ予定
		現場経費	1,000	1,000	現状維持
		その他原価	2,000	2,000	現状維持
		原価計	77,000	85,685	
	粗利合計		100,000	72,168	
	平均粗利率		56.5%	45.7%	
販売費及び一般管理費	役員報酬（法定福利・福利厚生込）		15,000	10,000	500万円ダウン
	人件費（法定福利・福利厚生込）		50,000	52,000	200万円アップ
	雑給		2,000	1,200	80万円ダウン
	地代家賃		5,000	4,800	20万円ダウン
	旅費交通費		3,000	1,500	150万円ダウン
	販促広告費		5,000	4,000	100万円ダウン
	運賃		3,000	2,500	50万円ダウン
	接待交際費		2,000	1,000	100万円ダウン
	減価償却費		3,000	3,000	現状維持
	什器備品費		1,000	800	20万円ダウン
	事務消耗品費		3,000	2,500	50万円ダウン
	教育研修費（FC手数料含む）		4,000	4,000	現状維持
	雑費		4,000	3,000	100万円ダウン
	販売費・一般管理費合計		100,000	90,300	
	営業利益		0	− 18,132	
	営業外支出		2,000	2,000	
	営業外収益		1,000	1,000	
	経常利益		− 1,000	− 19,132	

⑥シミュレーション		
科目	3年後（　　　）年度必要売上	売上差額
売上構成比 28.%	61,600	− 26,171
〃 35%	77,000	− 26,704
〃 1.3%	2,860	− 860
〃 35%	77,000	− 6,872
売上合計	218,460	− 60,607
現状原価率 18%→20%	39,323	
現状外注率 3%	6,554	
現状労務費率 30%→32%	65,538	
現状現場経費率 1%	2,185	
現状その他原価率 1.3%	2,840	
原価計	116,439	
粗利合計	102,021	− 29,853
平均粗利率	46.7%	
役員報酬（法定福利・福利厚生込）	10,000	
人件費（法定福利・福利厚生込）	52,000	
雑給	1,200	
地代家賃	4,800	
旅費交通費	1,500	
販促広告費	4,000	
運賃	2,500	
接待交際費	1,000	
減価償却費	3,000	
什器備品費	800	
事務消耗品費	2,500	
	3,500	
雑費	3,500	
減額を入れた販売費・管理費合計	90,300	
必要営業利益	11,721	
営業外支出	2,000	
営業外収益	1,000	
返済原資を考慮した必要経常利益	10,721	

必要経常利益が 1,000 万円なら、現状との差額で約 3,000 万円の追加粗利が必要

■SWOT分析検討会　記入用シート

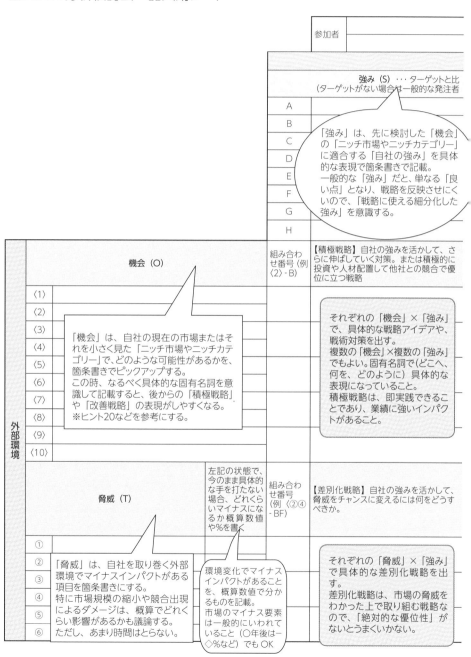

Chapter 4　実践的な経営改善計画書・事業計画書の根拠を作成

会社名（　　　　　　　　　　　　　　　）

	内部要因				
較して ニーズをベースに）			弱み（W）…ターゲットと比較して （ターゲットがない場合は一般的な発注者ニーズをベースに）		
		a			
		b			
		c			
		d			
		e			
		f			
		g			
		h			
左記対策を実施した場合の概算数値（売上増減、利益改善、経費増減、件数増減、％増減等）	組み合わせ番号（例〈３〉- e/f）		【改善戦略】自社の弱みを克服して、事業機会やチャンスの波に乗るには何をどうすべきか		左記対策を実施した場合の概算数値（売上増減、利益改善、経費増減、件数増減、％増減等）
各「積極戦略」を実行した場合、どれくらいの売上・利益が可能か概算でわかる範囲で書く。単価や数量も概算で読む。その戦略を実行する場合の投資やコストもわかる範囲の概算で記載しておく。ここでは、誰も詳細なことに自信はないから、イメージでもよい。			それぞれの「機会」×「弱み」で、具体的な戦略アイデアや戦術対策を出す。 複数の「機会」×複数の「弱み」でもよい。ここでの具体策や戦略は、中期的な工程に入る場合が多い。		各「改善戦略」を実行した場合、どれくらいの売上・利益が可能か概算でわかる範囲で書く。単価や数量も概算で読む。その戦略を実行する場合の投資やコストもわかる範囲の概算で記載しておく。ここでは、誰も詳細なことに自信はないから、イメージでもよい。
左記対策を実施した場合の概算数値（売上増減、利益改善、経費増減、件数増減、％増減等）	組み合わせ番号（例〈３⑥- CD）		【致命傷回避・撤退縮小戦略】自社の弱みが致命傷にならないようにするにはどうすべきか。またはこれ以上傷口を広げないために撤退縮小する対策は何か		左記対策を実施した場合の概算数値（売上増減、利益改善、経費増減、件数増減、％増減等）
			それぞれの「脅威」×「弱み」を掛けて、致命傷回避・撤退縮小戦略の具体的な表現を記載する。 一般には「選択と集中」により、「止めること」「減らすこと」などが多くなる。 ただし、どんなに脅威があろうとも、どんなに今が「弱み」でも、それしかビジネスがないなら、その徹底策の戦略を表現する。		撤退縮小戦略を取った場合の売上・利益ダウン、またコストダウンをわかる範囲で記載する。関連売上ダウンも想定する場合もある。

※「弱み」は、先に検討した「機会」の「ニッチ市場やニッチカテゴリー」を攻める場合、ネックになる「自社の弱み」を具体的な表現で箇条書きで記載。
ただし、あまり時間をかけずに、ポイントだけにする。

5 第4ステップ…「中期戦略体系図（実抜体系図）」の作成

　SWOTクロス分析後の「基本方針」や戦略を整理したもので、各戦略の優先順位をつけた後の「体系図」です。この体系図があることで、「こ

■ SWOTクロス分析後の「中期戦略体系図」

短期 or 中期	優先NO	クロス分析の戦略と具体策
この1年間で着手し推進する「積極戦略」「致命傷回避・撤退縮小戦略」	1	
	2	
	3	
	4	
	5	
3カ年で結果を出すための各種戦略・戦術	1	
	2	
	3	
	4	
	5	

の企業は何を重点的にしたいのか」「どこに経営改善の根拠があるのか」「金融機関に説明がしやすいか」をわかりやすくしていきます。特にその業界の固有事情がわかりにくい場合は、この体系図があるほうが説明しやすくなります。

会社名（　　　　　　　　　）

短期実行対策及び3ヵ年中期方針及び実施戦略 (1～3ヵ年で構築する「商材」「顧客」「コスト」「組織改革」)		
新商品開発・開拓・既存商品強化方針と戦略	1	
	2	
	3	
新規開拓・新チャネル・エリア開拓・既存顧客強化の方針と戦略	1	
	2	
	3	
コスト改革（原価・固定費他）・品質向上の方針と戦略	1	
	2	
組織改革・企業体制強化の方針と戦略	1	
	2	

→

3ヵ年中期ビジョン（実抜計画の目標値） （勝ち残るための必須条件でも可）	
中期戦略目標（構造改革する項目と指標）	
売上（商材、顧客・新規対策）に関連する目標	
利益・業務品質・組織に関連する目標	
その他	

6 第5ステップ…新戦略・新具体策を入れた「概算数値整理シート」

　SWOTクロス分析で検討された各戦略を実行しようとした時、売上・利益・経費面から、概算でどれくらいの金額を見込むかを整理します。
　前述の「中期戦略体系図」に書かれた戦略で、数字を想定できるものだけでかまいません。概算数字がわからない場合は作成しなくてもよいのですが、各戦略は結果的に「いくらで」と、経営改善の収支計画に反映されます。だから、わからなくても概算で読む努力は必要です。特に、新商品や新市場での販売増を狙うなら、およその単価帯、利益、そして数量（年単位）、それを売るための販売コストも記載します。

7 第6ステップ…新戦略・新具体策を数値化した「新中期利益計画書」

　SWOTクロス分析から抽出された各種の戦略や対策の数値を計画に入れて、「新中期利益計画書」を作成します。
　ここでのポイントは、「既存事業や既存商品、既存顧客、既存市場」の売上や利益、経費と、「SWOTクロス分析で打ち出した新戦略の商材対策、市場対策、顧客戦略」の売上、利益、経費の枠を別に考えるようにしていることです。
　事業部が別なら管理もしやすいのですが、同一ビジネスで分けることは難しいかもしれません。実際には分けられないケースが多いかもしれませんが、管理的には「既存」と「新戦略」の業績が別々にわかれば、モニタリングもしやすくなります。
　右側には、SWOTクロス分析で出た新戦略の中身を具体的に記載してもらいます。左の数値と右の対策がリンクされるようになるのが理想です。

8 第7ステップ…中期行動工程表（ロードマップ）の作成

　中期戦略体系図に書かれた内容を実現するために、中期の行動計画を立てます。

　私たちは、それをロードマップ（工程表）と呼んで、3か年で結果を出す行動プログラムにします。当該年度は、次項の「単年度アクションプラン」で詳細に書くので、2～3年後の年度末までの行動結果を具体化します。

9 第8ステップ…単年度行動計画（アクションプラン）の作成

　最後は、この1年間の詳細な行動を計画化します。

　単年度行動計画は、そのまま「モニタリング」できるものでなければなりません。したがって、四半期ごとに具体的行動の下に、「チェック」と書いた結果を記入する欄を用意し、ここにモニタリング結果を記載します。

■各戦略での概算数値（売上・原価・経費）整理シート

- 実抜計画の中央に書かれた各種戦略や具体策は、売上にどのように影響するのか、その概況を書く
- 実抜計画の中央に書かれた各種戦略や具体策は、原価や粗利にどのように影響するのか、その概況を書く
- 実抜計画の中央に書かれた各種戦略や具体策は、経費にどのように影響するのか、その概況を書く
- 影響する概況をベースに、およそどれくらいの数値になるか、売上、原価、人件費、経費の概算を書く

短期実行対策及び3ヵ年中期方針及び実施戦略 (1～3ヵ年で構築する「商材」「顧客」「コスト」「組織改革」)		左記戦略と具体策から捻出される売上概況・内容（売上の増減等）	その戦略に該当する原価増減または粗利率に関する概況
新商品開発・既存商品強化の方針と戦略	1		
	2		
	3		
新規開拓、新チャネル・既存顧客強化の方針と戦略	1		
	2		
	3		
コスト改革（原価・固定費他）・品質向上の方針と戦略	1		
	2		
	3		
組織改革・企業体制強化の方針と戦略	1		
	2		
	3		

会社名（　　　　　　　　　　　　　）

その戦略に該当する経費支出・削減の科目と額に関する概況	新たに増減する売上高	新たに増減する原価	新たに増減する人件費	新たに増減するその他経費

■新戦略・新具体策を数値化した「新中期利益計画書」

科目	①部門	②商品または顧客	③昨年実績(千円)	④現状推移で「脅威」を反映した場合の3年後の数値(千円)	⑤3年後のクロス分析の対策を反映した場合の増減(千円)	⑥3年後(　　)年度の予想数値(千円)
売上	既存売上科目					
		既存売上計				
	新商品等新戦略売上					
		新商品・新戦略売上計				
	新チャネル等新戦略売上					
		新チャネル・新規関係等新戦略売上計				
		売上合計				
原価	既存の原価	原材料・仕入				
		外注費				
		労務費				
		現場経費				
		その他原価				
		既存の原価計				
	新戦略で発生する原価	原材料・仕入				
		外注費				
		労務費				
		現場経費				
		その他原価				
		既存の原価計				
		原価合計				
粗利	既存戦略での粗利					
	新戦略での粗利					
		粗利合計				
粗利率	既存戦略での粗利率					
	新戦略での粗利率					
販売費・一般管理費	通常の販管の科目を入れる					
	新商品戦略に関連する経費(　　)					
	新チャネル・新規客戦略に関連する経費(　　)					
	販売費・一般管理費合計					
	営業利益					
営業外	営業外収益					
	営業外支出					
	経常利益					

⑦今期 (　)年度 予想数値	⑧来期 (　)年度 予想数値	⑨再来期 (　)年度 予想数値	⑩各戦略での概算数値(売上・原価・経費)整理シートからの引用			
			⑪クロス分析の戦略と具体策から捻出される売上概況・内容(新商材・新規チャネル等売上の増や既存商材の売上減等)			新たに増減 する売上
			〈1〉	項目・科目		
			〈2〉	項目・科目		
			〈3〉	項目・科目		
			〈4〉	項目・科目		
			〈5〉	項目・科目		
			〈6〉	項目・科目		
			⑫クロス分析の戦略と具体策に該当する仕入または粗利に関する概況・内容(新商材・新規チャネル等で発生する原価や仕入、既存商材の売上ダウンに伴う仕入減、または粗利率の変動も含む)			新たに増減 する原価・ 仕入
			〈1〉	項目・科目		
			〈2〉	項目・科目		
			〈3〉	項目・科目		
			〈4〉	項目・科目		
			〈5〉	項目・科目		
			⑬クロス分析の戦略と具体策に該当する経費支出・削減の科目と額に関する概況と内容(新対策で新たに発生する経費も含む)			新たに増減 する経費
			〈1〉	項目・科目		
			〈2〉	項目・科目		
			〈3〉	項目・科目		
			〈4〉	項目・科目		

■中期行動計画（ロードマップ）シート

- 「中期戦略体系図」から、【3ヵ年中期方針及び実施戦略】を転記し、その方針・戦略を実現する段取りや
- スケジュール欄は四半期単位（3ヶ月）で、「作業実施期間」や「準備期間」「仕上期限」「中間報告」な
- 枠欄が必要な場合は追加する

3ヵ年中期方針及び実施戦略（3ヵ年で構築する「商材」「顧客」「コスト」「組織改革」）			左記戦略・対策の成果を出すために、必要な具体的な準備とアクション（優先度の高い行動から）――具体的な準備行動や段取りを書く	実施期限（年月）
新商品開発・既存商品強化の方針と戦略	1		1	
			2	
	2		1	
			2	
新規開拓、新チャネル・エリア開拓・既存顧客強化の方針と戦略	1		1	
			2	
	2		1	
			2	
コスト改革（原価・固定費他）・品質向上の方針と戦略	1		1	
			2	
	2		1	
			2	
組織改革・企業体制強化の方針と戦略	1		1	
			2	
	2		1	
			2	

準備、行動を掘り下げて3段階程度の行動計画を作成する（実施期限は中期以内）
どの予定を具体的に書く。作業期間など長い期間が必要な場合は　⇔　で期間中をマークする

20●●年度				20●●年度				20●●年度			
1四半期	2四半期	3四半期	4四半期	1四半期	2四半期	3四半期	4四半期	1四半期	2四半期	3四半期	4四半期

■単年度　モニタリング用行動詳細スケジュール（アクションプラン）

- 「中期戦略ロードマップ検討シート」の中から、「左記戦略・対策の成果を出すために、必要な具体的な準
- 各行動の責任者や担当者、そして、各段取りの実施期限を記述する
- 右記の月度欄は各社の決算月に沿ってスタート月を修正し、「作業」「準備」「決定」「期限」「報告」等の
- 第1半期毎にモニタリングを行い、その結果を記入し、行動の再計画を行う

		左記戦略・対策の成果を出すために、必要な具体的な準備とアクション（優先度の高い行動から）――具体的な準備行動や段取りを書く	主責任者	実施期限（年月）
新商品開発・既存商品強化の具体的実施策	1			
	2			
新規開拓・新チャネル・エリア開拓・既存顧客強化の具体的な実施策	1			
	2			
コスト改革（原価・固定費他）・品質向上の具体的な実施策	1			
	2			
組織改革・企業体制強化の具体的な実施策	1			
	2			

備とアクション〈優先度の高い行動から〉」を転記する

各段階別の期限の文字を記述する。作業期間など長い期間が必要な場合は　⇔　で期間中をマークする

	201● 年度											
計画	第1四半期			第2四半期			第3四半期			第4四半期		
チェック	4月	5月	6月	7月	8月	9月	10月	11月	12月	1月	2月	3月
計画												
チェック												
計画												
チェック												
計画												
チェック												
計画												
チェック												
計画												
チェック												
計画												
チェック												
計画												
チェック												
計画												
チェック												
計画												
チェック												
計画												
チェック												
計画												
チェック												
計画												
チェック												
計画												
チェック												
計画												
チェック												
計画												
チェック												

3 経営改善計画に必要な「突破口作戦」

❶突破口作戦とは

　経営改善計画は、3〜5か年で経営を危機状態から体質のよくなった平時の状態にもどしていくための計画です。しかし、どんな計画書を作成しても「ダラダラと今を改善していきながら、業績を出す」などと甘い考えは通用しません。
　そこで、「突破口作戦」を入れ込みます。
　突破口作戦とは、「いろいろとしなければならないことが山積みだが、その中でもある特定の対策に全経営資源を集中することで、再生のきっかけをつくり、他の経営事象にも好影響をもたらす行動」のことを指します。
　したがって、「突破口作戦」として掲げ、取り組むためには、
- スタートしてから半年以内に成果が出る具体的な取り組み内容
- 突破口作戦は「絞り込み」「集中」が基本
- 決められた突破口作戦は、全社一丸の雰囲気づくりが大事
- 経営者や幹部のノルマは「突破口作戦」該当項目である
- 突破口作戦の進捗状況が全員で「見える化」すること

が必要になります。

❷経営改善に不可欠な3つの「新」

　突破口作戦は、言葉を換えれば「今までの在り方を変えない限り、突破口作戦とはならない」ということです。そして、その突破口作戦には3つの「新」のどれかに重点集中すべきだと考えます。

- 新商品・新サービスの開発、開拓、販売
- 新市場、新規客・新チャネルの開拓と販売
- 新組織、新役割、新人採用、旧体制・旧人材のカットと新陳代謝

　この３つの「新」なくして、突破口作戦も経営改善計画も成り立たない。特に「新商品」「新市場」は、SWOTクロス分析の「機会」における「ニッチ市場やニッチカテゴリー」と「強み」から捻出された「積極戦略」からくるようになります。３番目の「新組織」では、その新商品、新市場に向けた行動をとるための新組織とか、役割責任の変更、または新採用になります。

　新商品も新市場もSWOT分析から生まれているので、荒唐無稽な戦略であってはいけません。

❸売上拡大が突破口の場合の作戦・手段

　「売上拡大」は、ほとんどの経営改善計画を提出した企業では該当する事項です。これがないと話になりませんが……。
　売上拡大から「突破口作戦」を立てる場合、大きく３つに分類されます。
- 商品アイテム拡大
- 顧客・エリア・チャネル拡大
- 単価アップ

　いずれもSWOTクロス分析で出ている場合が多く、優先順位でも上位にきているかもしれません。
　【商品アイテムの拡大】で検討すべきことは以下のことです。

- ◆重点商品の販売チャネル拡大（直販や別ルート）と新規拡大
- ◆顧客ニーズを聞き出し、既存顧客が他社から買っている商品を取り扱う
- ◆顧客が困っていることを聞き出し、サービス機能追加
- ◆特定顧客ゾーンに受け入れられる商品の取扱
- ◆同業他社がやっている追加アイテムを聞き出し、取り扱えるか検討

- ◆周辺サービス・周辺商材の追加
- ◆フロントエンド（低価格で新規顧客開拓につながる）の新商品の導入

続いて【顧客・エリア・チャネル拡大】で検討すべきことは次の通りです。

- ◆重点商品で地域内の新たな顧客開発
- ◆重点商品で地域外の新たな顧客開発
- ◆戦略商品(低価格でも赤字にならない商品・初めての商品)で顧客開拓
- ◆既存客でうまく行っている営業方法の横展開
- ◆他社との協業・コラボ・販売提携等
- ◆直販の展開
- ◆オンラインでの顧客リストの獲得とWeb営業の展開　等々

最後に【単価アップ】で検討すべきことは次の通りです。

- ◆特定商品の売価アップ計画
- ◆売れ筋商品の容量・品質見直しによる新価格開発
- ◆直販商品の取り扱い（ネット・通販・FAX販売等）
- ◆派生商品・周辺商品の売価アップ　等々

こういう詳細な議論が「売上につながる突破口作戦」になっていきます。

4 粗利額・粗利率が突破口の場合の作戦・手段

既存の売上を犠牲にすることも検討の余地に入れないと前には進みません。

粗利額・粗利益率アップをメインにした突破口作戦では、
- ●低利益・赤字商品の漸次低減
- ●低利益・赤字顧客の絞り込みと漸次低減

● 非効率・高原価のネック排除

と大きく３つに分けます。

まず、【低利益・赤字商品の漸次低減】では下記のことを検討します。

> ◆ PPM（プロダクト・ポートフォリオ・マネジメント）で商品貢献度を視覚化
> ◆ SWOT分析の「積極戦略」で「致命傷回避・撤退縮小商品」のピックアップ
> ◆ 絞り込み…非効率で経費がかかっているのに儲からない商品の縮小計画
> ◆ 売上ダウンでも粗利額微減で、経費削減（人件費・販促費・物流費等）が進む対策　等々

そして【低利益・赤字顧客の絞り込みと漸次低減】では、

> ◆ 顧客ごと売上・粗利貢献度分析で総合評価（下位30％の削減計画）
> ◆ 顧客の絞り込み、その分を重点顧客に営業を振り向ける
> ◆ 売上ダウンでも粗利額微減で、経費削減（人件費・販促費・物流費等）が進む対策　等々

また【非効率・高原価のネック排除】では、こんな対策を議論します。

> ◆ ムダ作業・非効率箇所の発見と対策…ムダ取りチェックリスト
> ◆ 仕入・原価科目すべての比較見積の実施
> ◆ 不良在庫の整理と今後発生させない仕組み
> ◆ 内製化・外注化の見直し
> ◆ 物流費の見直し（自社便⇔アウトソーシング）　等々

こういったものが「粗利増の突破口」につながっていきます。

5 組織改革が突破口の場合の作戦・手段

　通常、売上や粗利など業績直結型が突破口になりますが、組織規模が大きい場合、または組織の問題が業績阻害要因に直結している場合は、組織改革を「突破口作戦」にするケースもあります。
　組織改革をメインにした突破口作戦では、
- 組織のフラット化
- 上層部の責任ノルマ性
- 顧客に近い組織とマーケティング反映
- 部門管理体制

などが挙げられます。
【組織のフラット化】で検討すべきは

> ◆脱ピラミッドで中間組織を排除し、鍋蓋組織により個人の責任を明確化
> ◆特定の責任者への権限集中にともなう報告システム、意思決定システムにIT活用化　等々

【上層部の責任ノルマ化】では

> ◆経営幹部、上級幹部にも数値ノルマと具体的な行動監視を行う
> ◆全員営業の具体化で、上層部も業績結果をチェックしやすい仕組みをつくる　等々

【顧客に近い組織とマーケティング反映】では、

> ◆顧客調査やデータ収集を行い、マーケティング展開可能な組織にする
> ◆顧客調査で課題整理
> ◆通常は直接顧客と接しない製造、開発、設計などの部長、取締役クラスが「マーケティング本部」を兼務する　等々

【部門管理体制】では

> ◆部門別の利益管理の徹底により、管理者を利益結果で評価、賞与に反映
> ◆部門別の詳細目標を設定
> ◆KFS（重要成功要因）、KPI（重要業績指標）を部門別に管理　等々

このように「突破口作戦」は、かなり具体的にテーマアップして取り組むことが望ましい。

実践 SWOT 分析
― 基本と進め方 ―

1 「実践SWOT分析」の概念

■1 概念だけでは進まないSWOT分析

　SWOT分析の概念と基本的なことについては前章で説明しました。この章では「実践SWOT分析」として、実際にSWOT分析を使って戦略を導き出すためのノウハウとテクニックを紹介します。

　読者の方がこれまで学んできた「SWOT分析」の解説本は、おそらく圧倒的に概念論が多くを占め、プロセスのわからない事例が中心ではなかったでしょうか？　そのSWOT分析によって、どのような検討や経過を経て、独自の戦略が抽出されたのか、その中間過程がごっそり抜けたものを見てきたと思います。

　なぜなら、この中間過程を説明でき、実際に指導できる専門家やコーディネーターは意外に少ないからです。したがって、SWOT分析は実際には多くの人が見様見真似でやっているのが実状です。コンサルタントや会計事務所などの専門家がどのくらいSWOT分析の場数を踏んでいるかは疑問です。

　私たちが自信をもってノウハウを公開できるのは、やはり200事業所の経験に裏づけされているからです。

■2 SWOT分析を図で理解

　SWOTクロス分析を図解すると次のようになります（再掲）。
　4つのクロス分析がよくわかると思います。
- 強み（Strength）×機会（Opportunity）＝ 積極戦略

- 強み（Strength）×脅威（Threat）＝ 差別化戦略
- 弱み（Weakness）×機会（Opportunity）＝ 改善戦略
- 弱み（Weakness）×脅威（Threat）＝ 致命傷回避・撤退縮小戦略

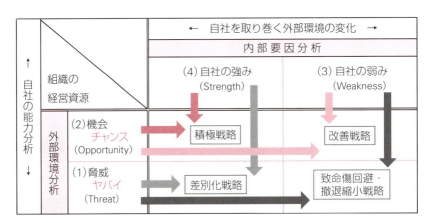

クロス分析	O×S (機会×強み)	T×W (脅威×弱み)	O×W (機会×弱み)	T×S (脅威×強み)
	積極戦略	致命傷回避・撤退縮小戦略	改善戦略	差別化戦略
	今後の可能性・チャンスに自社の「強み」を活かした具体策）	今後の脅威やリスクがあるのに、自社の「弱み」が災いして、危険な状況になっている。それを打開するための具体策	今後の可能性・チャンスがあるのに、弱みがネックになっているので、それを改善してチャンスをモノにする具体策	今後の脅威があり、他社も手を引く可能性があるが、自社の「強み」を活かして徹底した差別化やNo.1戦略を取る具体策

2 「機会分析」の考え方

1 間違った「機会分析」をしないために

　SWOT分析の肝は「機会」をどう分析して追求するかです。機会を深く追求できないと、SWOT分析もその後のクロス分析も内容が表面的になってしまいます。
　中小企業にとっての「機会」は、今後プラスに働く業界の一般的な方向性や市場の変化だけを指すわけではありません。**ニッチ市場とニッチカテゴリーを発見するために、この「機会分析」があります。**
　しかし、多くの事業所では、ニッチ市場やニッチカテゴリーの「機会」がなかなか出てきません。それは、コーディネーターや指導するコンサルタントの力量にも原因がありますが、一言でいえば**「機会分析」での意見が出やすい「タラレバ」のヒントを持っていない**からです。

2 「機会」捻出に苦労する理由

- 今後、何か儲かる可能性のある分野はないか？
- これから伸びる市場はどこか？
- 利益が出るとしたら、どういうビジネスか？

　などとストレートに、聞かれて即座に答えられるようであれば、すでに実行しているものです。
　また、物事を大きくとらえて、
- 時代のトレンド
- グローバル化

- 技術革新

からの「機会」を議論することも悪くはありませんが、大手が取り組みそうな分野は、最初から設備投資も仕掛けも大きく、中小企業が取り組む分野ではありません。

現在市場で苦戦しており、同業者も厳しい状況下で、雲をつかむような話をしても「そんなバラ色の儲け話はない」と多くの中小企業の経営者や幹部はわかっています。

それに加えて、自社の経営資源ではできることが限られており、未来の可能性への投資もできないし、自社が狙う分野ではないと最初から諦めている場合が多いのです。

3 「機会分析」に使うヒント30

そこで、SWOT分析の「機会分析」をするとき、「タラレバヒント」を使って、イメージしやすいように議論を導きます。

タラレバヒントには、これまでのコンサルティング経験や、先述したマクロ分析のPEST分析、3C分析、5FORCEなどの要素も加味して、それをリアルな表現に再整理しています。

これらのヒント＝事例を使うことで、検討に参加した人は意見を出しやすくなります。

	機会の「タラレバ」のヒント	考え方
1	同業者や異業種を参考にして、高付加価値のニーズに対応した「高価格商品」を実現するには、どんな具体的な商材・サービスを開発すれば可能か	どんな高付加価値に顧客は関心を示すか。ブランド力がある商品はどんな理由で高くても買われるのか
2	現在の商材に対して、サービスや機能、容量、頻度、手間を大幅に減らし、どういう「低価格商材」を実現すれば、販売チャンスが広がるか	単に値下げすることは利益をなくす。あるファクターを削って低価格にした時に顧客が何の問題もなく購入してくれる商品はどんなものがあるか
3	web、facebook、ツイッター等、ITのさらなる普及をどう上手に利用すれば、販売増になるか	SNSやタブレット、スマホなど変化するインターネット環境に対してどんなことに、どんな商品をぶつければ、商機が来るか
4	顧客の「品質面」のニーズに応えるには、どういう具体的なサービスや機能付加、品質体制をつければ可能か	顧客が求める安全性等の品質基準に自社が対応できるなら、そのことをブランド化することで拡販ができないか
5	顧客の「嗜好性」に、どういう商材・どういうサービスを開発すれば、販売拡大が可能か	顧客の嗜好性や好みの変化はどうか。どういう嗜好性があるか
6	顧客の不便さの解消につながる商材やサービスは、どういう点を強調すれば販売増が可能か	顧客の不満、費用を出しても何とかしたいと思っている要素は何か。どこにフォーカスすればPRがうまくいくか
7	あえて「無料」「フリー化」を進めることで広がるビジネスはどんなことが考えられるか	ある商品・サービスを無料、使い放題にした場合、どんなメリットが生まれ、それはどんな売上増につながっていくか
8	自社の位置づけを「納入業者」から「仕入先」または「外注先」「アウトソーシング先」に変えた場合、どういう商材なら可能性があるか	原価関連の納入先か経費関連の納入先か、すでにお付き合いのある顧客に次元の異なる商材を提案する
9	現在の市場（営業地域）だけでなく、域外、海外などエリア拡大すれば、どういうチャンスがあるか（販売面や調達面も含めて）	今までの拠点展開以外で、県外、ブロック外、国外にWeb、コラボや提携等の小資本で展開可能な方法で、どこにどう営業すれば可能か
10	Webを活用して、通販、直販、顧客との直接のネットワークを構築すれば、さらにどんなビジネスチャンスの拡大が可能か	「インターネットで売れない商品はない」といわれる中で、既存商品や新商品をWebで売るためには、どんな規格で、どんな手法で、どんなサイトで行えば可能か

	機会の「タラレバ」のヒント	考え方
11	顧客との共同開発、OEM（相手先ブランドによる製造）等、顧客との相互取り組みによるチャンスはどういうことが可能か	こちらから提案するような顧客のPB（プライベートブランド）商品や、共同開発による双方のコスト削減、その後の自社ブランド商品への展開など
12	ネーミング・パッケージ・容量・流通ルートなどを変えることで新たな顧客の取り込みや、既存客のアイテムにつながる可能性はないか	販売ターゲットを変えることで、既存商品の見た目、規格変更、流通ルートの変更はどんなことが可能か
13	既存商品の「周辺サービス」「周辺業務」「周辺商品」を受注しようとすれば、どういう商材が可能か	既存商品では競合との価格競争になるが、既存商品の周辺商品・サービスをパッケージ化すれば、同業者にも営業が可能ではないか
14	既存商品のリペア・リサイクル・リフォームによる低価格の付加価値商品を特定商材やサービスで実現することで、販売拡大が可能になるのはどんなことか	財布の紐が固い時代、買い替え頻度が伸びて、本商品を長持ちさせるというニーズに応えて、3Rを商品パッケージにするにはどんなことがあるか
15	技術革新や輸入品等で新たな代用品や代替品を仕入れることができれば、どういうチャンスが広がるか	為替にもよるが、今の仕入商品や規格を変更して低価格や高品質、業界秩序外の販売が可能なものはないか
16	別ブランド等を、直販、通販、ネット販売等の直接販売で、どう具体的に展開すれば、新たなチャンスにつながるか	既存商品や今の会社名では直販が難しい場合、別ブランドによるネット通販とか、直販店などの新たな独自チャネルはないか
17	今の商材の使われ方・用途を変えることで、新たな用途開発につながる「価値転換」があるとすればどういうことか	今の商品の今の売り方、今の使われ方以外の価値は何か。その場合、どんな開発が必要で、どんな流通ルートに乗せられるか
18	同業者や競合他社をライバルとしてではなく、顧客・ネットワークと考えた場合、どういうビジネスがチャンスを広げられるか	自社のある商品を同業者にも売れないか。また同業者とコラボや提携することで新たな可能性のある分野は何か
19	同業者の二番煎じでマネしたい戦略は何か。どうしてその戦略は有効だと思うか	「柳の下にドジョウは2匹まで」同業他社のやり方で圧倒的なシェアを持っているなら、同じことをしてみる
20	同業他社独占のオンリー客を攻めて顧客開拓をするとしたら、どういう武器をぶつければチャンスになるか	オンリー客は競合を求めている。オンリー客は同業者もあぐらをかきがち。攻めるポイントがあるはず

	機会の「タラレバ」のヒント	考え方
21	既存客からさらにビジネスチャンスをつかむ、アフターサービスや顧客管理・メンテナンスは、具体的にどういう強化を図れば既存客売上増が見込めるか	どんな有料のアフターサービスなら顧客は納得するか。ライバルと差別化できるアフターサービスは何か。アフターサービスをブランド化するには何が必要か
22	今まで無償だったサービスの品質を上げて、どんな有償サービスを開発すれば顧客は費用がかかってもそのサービスを求めると思うか	サービスを有償化することで、顧客が費用を出しても求めるサービスがわかる
23	顧客がアウトソーシングしてでも手間を省きたいまたは「どこかの業者がやってくれるなら丸投げしたい」と思っていることは何か	顧客が面倒くさがっていること、顧客が困っていることで、自社が少しの努力で対応できることは何か
24	仕入先や仕入商品を変更したり、切り替えることでどんな可能性があるか	既存の販売ルートや販売権を持った営業、系列の付き合いが邪魔になって、新たな動きができないなら、仕入を変えることでできることは何か
25	今の製品や商品を使って新しいビジネスや今までとは全く異なる販売先ができるとしたら、どんなところか	今までの販売系列だけでなく、違う流通ルートが勃興している場合や個人取引が今後増えるなら、どんな動きをすべきか
26	円安円高で、輸出入品の価格変動があれば、どんな可能性が出てくるか	ここは国際経済に左右される分野。今は円安傾向だが今の経済状況で輸入コストが上がっているなら、代替商品が国内産になるなど
27	既存インフラ整備や、成長戦略、金融緩和から、どんな可能性が出てくるか	ここは政治に左右される分野。東京オリンピックを見据えた動き、老朽化インフラ対策、規制緩和からできることなど
28	少子高齢化の動きの中で、自社にとってビジネスチャンスは何か	自社に関連があるビジネスで、少子化で享受できる具体的なメリット、高齢化で生まれる新たな需要等は何か
29	海外などグローバルに考えた場合、ビジネスチャンスを広げる動きの中でどんな可能性があるか	海外進出や海外から輸入などの可能性に、新たな機会があるなら、該当する
30	その他、少しでも外部環境から自社にメリットがある動きは何か	消費者意識、生活スタイル、温暖化、環境保護、新技術の動き、自由貿易協定等の関税の緩和等からどんな可能性があるか

3 「脅威分析」の考え方

❶「脅威分析」にはあまり時間をかけない

　「脅威分析」とは、「何々が原因で、どういったことが、どれくらい悪くなるか、厳しくなるか」と具体的に議論することです。

　脅威分析をする時、時代の流れ、商品ライフサイクルを見すえて、具体的に「何が」「どう脅威なのか」を表現します。

　ただし、脅威分析は「機会分析」の前に少しだけ時間をとる程度にするのがコツです。実際に何が脅威であるかは、SWOT分析検討参加者はおおよそわかっているからです。

　現実に厳しいわけですから、そこに**多くの時間を割いて、ネガティブ意見を積みあげても、「できない理由」の納得と自信をなくすだけ**です。

❷「脅威」質問の具体例

　脅威分析をする時、下記の質問をしなくても、「今の市場変化で当社にマイナスの要素となる外部環境をいってください」というだけでドンドン出てきます。それも収拾がつかないくらいに。

　だから、この脅威の出し方は、その内容の結果「致命傷回避・撤退縮小戦略」にどう影響するかを意識しながら、課題を出していきます。

分野		脅威のチェックポイント
市場・顧客	1	顧客からの「価格面」の圧力や低価格ニーズは、どういう点が自社の「脅威」となりうるか
	2	顧客からの「品質面」の圧力や品質ニーズは、どういう点が自社の「脅威」となりうるか
	3	顧客からの「サービス面」「スピード対応要求」の圧力やニーズは、どういう点が自社の「脅威」となりうるか
	4	技術革新による代替品や、低価格の輸入品等の供給による「脅威」は具体的にどういうことがあるか
	5	社会的なニーズの変化や消費者意識の変化で「脅威」になるとしたら、どういうことか
	6	現在の主力取引先や主要顧客の購買力や購入頻度、購入単価は、どうマイナスに作用すると思われるか
	7	クラウド、インターネット、SNS、ツィッター等ITの普及で、自社にどんなマイナスの影響が「脅威」として現れると思うか
	8	自社の営業地域・マーケットの人口動態やライフスタイルの変化で「脅威」になるとしたらどういうことか
競合	9	今後どういう企業や業者が自社のマーケットへの新規参入が考えられるか。またその具体的な悪い影響はどういうものか
	10	競合他社の動きで警戒すべき「脅威」になる動きは何か(近隣出店や自社分野への大手の参入等)
供給先	11	仕入先・外注先の動向や要望で「脅威」になることは何か(値上げ、事業縮小・廃業、サービス縮減、品質問題等)
	12	今まで取引のある仕入先や外注先は、今後どういう要求や不利な条件を投げてくる可能性があるか
	13	世界的な資源高(石油含む)の影響で、今後どういう「脅威」が業績に影響するか

流通	14	元請や仲介先のニーズの変化や自社への圧力では、どういうことが「脅威」になるか
	15	直販、通販、ネット販売等の直接販売の動きでは、どういう脅威的な展開が今後具体的に業績にマイナスに影響するか
	16	既存事業の不動産関連の「脅威」は何か考えられるか（立ち退き、老朽化、賃料値上げ、近隣ライバル出現他）
政治・法規制・緩和	17	法律の改正等で新たに規制が強化されそうな動きで、自社の業績に直結する「脅威」は何か
	18	逆に規制が緩和されそうな動きで、参入障壁が低くなったり、自由化されて、自社の経営に直結する「脅威」は何か
	19	労働環境や労働行政の影響で、自社の業績に直結する「脅威」の動きは何か（人件費コストや各種のしばり）
海外・経済・動向	20	金融行政の新たな動きや金融機関の今後の動きで「脅威」になるとしたら、どういうことか
	21	対中国、対米国、対EU、対アジアなどの世界の変化や影響で自社に具体的な「脅威」になることは何か
	22	国内経済の影響では、どういう状況になれば、自社に具体的な「脅威」が顕在化するか

4 「強み分析」の考え方

1 「強み」とは何か

　「強み」を議論する時、よく誤解されていることがあります。
　それは**強み≠良い点**だということです。
　「強み」と「良い点」を混同してはいけません。もともと強みとは、同業他社と比較して、重要な（有利な）取引条件になっていること（自己満足の強みではない）がベースにあります。
　Chapter 2 でも述べたように、社内的なこと（例：若い、マナーがよい、事務所が新しい等）の「良い点」をいくら挙げても、顧客ニーズに合った外向けの強みでなければ、具体的な業績になりません。
　顧客が褒めてくれることでも、売上や利益につながっていない場合は、強みではなく、一般的に良い点というレベルになります。顧客評価はリップサービスがけっこう多いので、あまり鵜呑みにしないほうがよい場合もあります。いくら顧客評価が高いといっても、それが業績貢献の少ない顧客からの評価なら喜べません。**実際に商品を買ってくれる顧客が認めない強みは「強みに非ず」**です。
　「機会」に少しでも活かせそうな自社の優位性を極大化させることが、本当の「強み」です。
　「そんなの強みといえるのか？」と思えるものでも、角度を変えたら強みになるケースもあります。だから、顧客にとって関係ないことや「歴史的にこだわっていること」「捨てられない商品や思い」等を「断捨離」®することで「強み」になる場合もあります。

2 「強み」を引き出すヒント

「強み」と一口にいってもいろいろなモノがあります。

重要なのは、今後の機会（ニッチ市場やニッチカテゴリー）に使える、具体的な強みを捻出することです。そこで、強みを引き出すヒントを列記しました。これらのヒントから、「自社の強み」を聞き出していきます。

【「強み」を引き出す 30 のヒント】

	強みのヒント	こんな点が「強み」になる
1	「強み」につながるこだわり	その「こだわり」が評価されて、差別化になっており、収益に直結していること（収益に貢献しないこだわりは一人よがり）
2	「強み」につながるアフターサービス体制	リピートを決めるアフターサービスがブランド化され、アフターで紹介が来るくらいなら大きな強み
3	「強み」につながる熟練度・専門性知識力	ベテランが持っている技能知識が他社と比較して、わかりやすいPR力を持っている（わかりにくいのは強みになりにくい）
4	「強み」につながる設備力（顧客要望や収益を生むかどうか、生産設備、車両、建屋、その他設備）	今持っている有形資産が顧客（今の顧客外も含む）の買う理由になれば強みである
5	「強み」につながる価格圧力への対応力（商品別のコスト対応力）	特定商品なら価格適応力があれば、それを武器に顧客開拓もできる
6	「強み」につながる迅速な体制・クイックレスポンス	ホームページやパンフに掲載できる「○時間以内対応」など顧客に約束ができれば強み
7	「強み」につながる短納期対応力	短納期はかなりの強みである。または小口対応、別注品も短納期は勝負ができる

	強みのヒント	こんな点が「強み」になる
8	「強み」につながる物流体制・物流機能	物流体制の優劣は大きな差別化要因である。業者活用と自社便、物流センターの有無など
9	「強み」につながる意思決定のスピード・現場権限	本社集中権限だとスピードに欠ける。現場担当者に権限が大きいと同業者より有利
10	「強み」につながる垂直統合の一貫体制	自社内または自社グループで企画、設計、製造、物流、販売まで行いワンストップでスピーディなら強み
11	「強み」につながる水平展開	商品機能や技術が横展開可能かどうか、また他企業とネットワークを組んでアウトソーシングすることで具体的な強みがあるかどうか
12	「強み」につながる新商品の情報、開発機能	新商品の開発につながる情報収集手段、開発能力、開発期間などがライバルより優位性があるかどうか
13	「強み」につながる商品バリエーション・品揃え	商品の品揃え自体が顧客からメリットだが、多面的な販売先がないと在庫負担になる弱みもかねている
14	「強み」につながる差別化技術・差別化ノウハウ・	ある特定部分の技術、ノウハウで差別化できていること。その差別化は顧客が喜ぶこと
15	「強み」につながる顧客との関係の深さ・マーケティング力	マーケティングで他社より上手な点。最近ではWebマーケティングもリアルと同じくらい重要
16	「強み」につながる顧客が面倒くさがることへの対応、顧客の要望の具現化	顧客が喜んでも費用を払わない、自社だけがきつい思いをしているだけなら、強みにはならない。
17	「強み」につながる知的財産	知的コンテンツ、特許、商標登録、ロイヤリティ収入等
18	「強み」につながる地理的優位性	場所はいろいろな商売をするうえで重要。その地理がどう魅力的かよく考える

	強みのヒント	こんな点が「強み」になる
19	「強み」につながる思い切った投資ができる資金力	設備投資、人材採用等コストがかかることに対応できる資金力はかなり大きな強み
20	「強み」につながるブレーン、ネットワークの充実	どんな人を知っているか、どんな企業が支援してくれるか
21	「強み」につながる社内の技術的優位性	技術面で顧客開拓に直結できる優位性
22	「強み」につながるソフト力（ソリューション提案力）の優位性	本商品の取引だけでなくソフトサービス面で強みは何か。そのソフトがハッキリと顧客との差別化になっていなければ強みとはいえない
23	「強み」につながる取扱商品の販売権、独占権	その取り扱い商材が権利で守られているなら、その商品が強い間は強みになる
24	「強み」につながる顧客が喜ぶIT環境	受発注や在庫管理がIT活用でリアルタイムに顧客に対応可能なら強みといえる。
30	「強み」につながるIT、Web、SNS等が活用できる体制	IT環境を使って顧客との情報共有が迅速化し、開拓したい企業の取引条件なら強み
26	「強み」につながる組織の多様性・多能性（フレキシブルに事業転換ができる組織）	専門的固定的な組織が顧客ニーズに応えられない場合、多能工が多い等のフレキシブルな組織は強み
27	「強み」につながる法規制・規制緩和などの行政面の保護、関係性	法律改正や行政からの方針、規制が自社をガードし取引条件になっているなら強み
28	「強み」につながる顧客層・エリア	具体的な顧客カテゴリーがどこか、どんな特性の顧客に強いのか
29	「強み」につながるサービス	自社が行っているいろいろなサービスで顧客が評価していること
30	その他「強み」につながるといえるもの	

5 「弱み分析」の考え方

■1 「弱み」の整理と注意点

　よく誤解されているのは、「弱み」は「悪い点」「改善点」ではないということです。（弱み≠悪い点）
　「弱み」とは、「機会」「可能性」に使えない経営資源、つまりネックになっている弱みが、本当の「弱み」だということです。
　また、弱みを聞き出す時、「できない理由」「やらない理由」の意見に流されてはいけません。大手や先進同業者と比較するのもご法度です。
　比較するのは、「狙うニッチ市場」において、競合他社に対して「弱み」がネックになる場合のみに限定します。「マーケット分析に関連のない弱み」は無視するつもりで進めます。
　そして、「弱み」分析にあまり時間を割かないことも重要です。「弱み」を深く追究すれば、「できない理由」を正当化させてしまう恐れがあり、「弱み分析」ではなく、「弱気拡散」に早変わりする危険性があります。

■2 「弱み」のチェックポイント

　次項に「弱みのチェック項目」があります。前述したように、あまり根掘り葉掘り「弱み」を掘り下げず、「機会」に使えそうな、改善すべき「弱み」をピックアップしてください。

	チェック項目
1	競合社と比較して、自社が明らかに負けている点（ヒト、モノ、カネ、技術、情報、効率、社内環境等）は何か
2	顧客ニーズに対応していない点は何か。その結果、どういう現象が起こっているか
3	顧客開拓、企画力での弱みは何か
4	業績悪化要因につながっている弱みは何か
5	商品力、開発力での弱みは何か
6	サービス力での弱みは何か
7	コスト力、価格力での弱みは何か
8	人材基盤（社員の質、層、組織力）の弱みは何か
9	設備力、資金力の弱みは何か
10	顧客クレームで多い項目は何か
11	明らかに弱みと思われる社内事情（風土、気質、モチベーション等）は何か

6 クロス分析①——積極戦略

1 クロス分析とは

　SWOT分析は「クロス分析」があって初めて意味を持ちます。初歩的なSWOT分析——「強み」「弱み」「機会」「脅威」の4つの要素を抽出する分析だけで、戦略や方向性を見出す事例が出ていることがありますが、これはあまり推奨できません。

　クロス分析は、先述の通り、4つの戦略があります。

- 積極戦略
- 致命傷回避・撤退縮小戦略（一般的には「専守防衛、撤退」
- 改善戦略
- 差別化戦略

全体のイメージはこんな感じです。

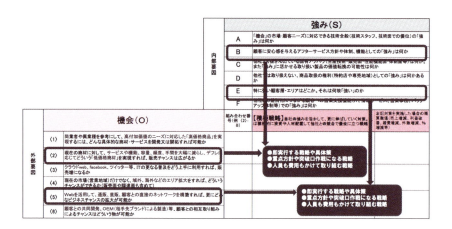

2 「積極戦略」立案時のポイント

SWOTクロス分析で一番の要はこの「積極戦略」です。これまでの細かい「機会分析」や隠れた「強み」の抽出も、この「積極戦略」立案のために検討します。

しかし、一般的な「SWOTクロス分析」での「積極戦略」を見ると、ここでの「浅さ」が目立っています。どんな点を意識して積極戦略を検討すべきでしょうか。

「積極戦略」をイメージすると、下図のようになります。

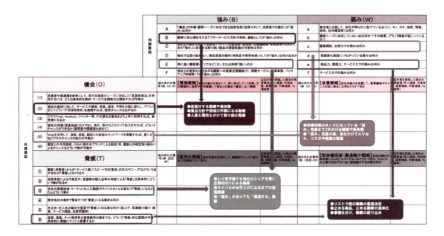

以下に「積極戦略」を立案する際のポイントを整理します。

- 「機会」のどの分野やターゲット（顧客・商品等）に、「強み」のどの部分を掛け合わせた結果、どんな効果が期待されるのかを明文化する
- 固有名詞で戦略や具体策がイメージでき、どういう行動をとればよいかわかる表現にする
- 「積極戦略」が自己都合の勝手な解釈になっていないか（機会を客

- 観的にみているか）を徹底議論する
- 抽象論の「積極戦略」の場合は、掘り下げた表現になるよう再度議論を詰める
- 戦略というよりは、戦術の具体策みたいな単なる方法論になっている場合も、本当に戦略論はないのか再検討する
- 「ニッチ市場」や「ニッチカテゴリー」が具体的かつ理論的内容か、見直す
- 使える「強み」は「ニッチ市場」や「ニッチカテゴリー」に具体的に関連性があるか（理屈が通っているか）
- 「何を、いくらで、これぐらいの数量」などのイメージが湧くレベルまで落とし込む
- 選択と集中で、予算も人材も投入できる具体的な戦略か（他の戦略を止めてでも、やりたい戦略か）

3 「機会分析」から「積極戦略」を想定する

　これまで機会分析に活用してきたヒントから「積極戦略」を導き出します。
　それぞれの「機会」に、使える自社の細かい経営資源「強み」をぶつけることで、独自の積極戦略を出してもらいます。
　次表に各「積極戦略」のヒントを30掲載しています。このヒントも今回初めて掲載しました。横にはそれぞれのポイントも簡単に解説しています。本章の「2 機会分析の考え方」の中で紹介した「機会分析に使うヒント30」と多少重複しますが、繰り返し、学習してみてください。

【「積極戦略」のヒント】

	「積極戦略」のヒント	ポイント
1	自社保有の「技術」「ノウハウ」で主力チャネルのビジネスベースには乗っていないが、角度を変えたら、その技術・ノウハウを求めるユーザーや業界はどこか	メインのビジネスの経営資源ではないが、攻め方次第では、新規開拓につながる技術やノウハウ
2	同業他社が手間やコスト面からやっていないことで、自社でも「止めたいけれど」実際に続けていること・または顧客評価が高いことは何か	その手間をとことん標準化し、それを差別化の武器として、横展開や新規開拓を図る
3	今の競合の激しい商流（顧客チャネル・ルート）を減らし、他の顧客ゾーンや新チャネルが望むビジネスモデルにした場合、増える可能性のある顧客チャネルは何か	問屋経由や代理店経由なら直販スタイルをとる。または消費者直結スタイルなら、業務用経由の商品をつくり、量販を目指す
4	商品・サービスのスペックを絞り込み、「限定用途」「ニーズ特化」の商品を開発販売すれば、増える可能性は何か	絞り込んだスペックで低価格高粗利の実現や、滅多に使われないがこれがないと困る商品を高価格にし、ネットを通じて全国販売をする
5	この店しかない商品、この地域しかない商品にすることで、「わざわざ買いに来たくなる商品」をつくろうとしたら、どんなものがあるか	限定のブランディングをすることで、「あそこでしかない」を創造する
6	季節・期間で繁閑の差がある事業の場合、閑散期だけに絞ったビジネスモデル・提供商品ではどんなものが可能か	閑散期は稼働率重視にする。低利益でもよいビジネスモデルにして、閑散期のコストを吸収する
7	商品・サービスの特性から流通チャネルのコラボで、自社にもよく、提携先にもよい「win-winの関係」ができる業界はどこか	特定業界向けの提携企画書やPR文書、Webをつくり、業務提携をする。その場合、自社の顧客もオープンに活用できるメリットを相手方に提案すると話が早い

	「積極戦略」のヒント	ポイント
8	同業者や競合者の中で「このビジネス分野・商品を止めたい」と思っている可能性があるところに、共同開発、販売提携、場合によっては買収提案をするとすれば、どんな特性を持った同業者か	競合先も消耗戦に疲れ、止めたいビジネスがある。それを提携することで、相手も自社も win-win になる
9	超高価商品・超プレミアム商品・超限定商品を出すことで、どんな新たな顧客が開拓可能か	ちょっとくらいの差別化ではなく、とんでもない高価格商品とか、限定商品を Web で売ったり、話題性やニュース性を出すことで自社 PR につなげる
10	規格化や標準化でコスト削減を目指す競合者とは逆張りで、「完全個別ニーズ対応型」の面倒くさいことを打ち出し、かつ高利益率になるとしたら、どんな商品・サービスか	オーダーメイドなのに、大手の標準化商品と価格競争してはいけない。オーダーメイドのメリットを全面に出し、高価格にして限定数量で販売する
11	競合者、同業者の苦手な部分・強みではない部分の業務や製造を請け負ったり、OEM（相手先ブランドでの製造）受託して、競合者をライバルではなく、顧客としてできる戦略はないか	別会社やグループ会社で専門の受託サービスを立ち上げることで、新たなビジネスモデルができる。昨日の敵は今日の友
12	自社でコストパフォーマンスの高いビジネスプロセスを、その分野ではコストパフォーマンスが悪いと予想される競合者・同業者に提供できないか	どんな競合者・同業者も何でも自前で高いコストパフォーマンスがあるとは限らない。業務プロセスでライバルと手を握り、販売で競争することも戦略である
13	元々の商品サービスのスペックを大きく変えずに、「新たな用途開発」「新たな使い方」「新たな付加価値」が出る可能性があるとすれば、どう変えて、どんな新たな顧客開発が可能か	既存商品・サービススペックを違う角度から使えば、新たなニーズがとれる商品。結果的にもともと行っている業務なら低価格で新価値を提供できる
14	付加価値シリーズ・付加価値ブランドを開発し、高価格戦略をとるとしたら、どんな商材をどう売るべきか	値上げと思われない戦略は、別ブランド戦略である

	「積極戦略」のヒント	ポイント
15	Web、SNSを活用して、通販、直販、顧客との直接のネットワークを構築すれば、さらにどんなビジネスチャンスの拡大が可能か	「インターネットで売れない商品はない」といわれる中で、既存商品や新商品をWebで売るためには、どんな規格で、どんな手法で、どんなサイトで行えば可能か
16	ネーミング・パッケージ・容量・流通ルートなどを変えることで、新たな顧客の取り込みや既存客のアイテムにつながる可能性はないか	販売ターゲットを変えることで、既存商品の見た目、規格変更、流通ルートの変更はどんなことが可能か
17	既存商品の「周辺サービス」「周辺業務」「周辺商品」を受注しようとすれば、どういう商材が可能か	既存商品では競合との価格競争になるが、既存商品の周辺商品・サービスをパッケージ化すれば、同業者にも営業が可能ではないか
18	既存商品のリペア・リサイクル・リフォームによる低価格の付加価値商品を特定商材やサービスで実現することで、販売拡大が可能になるとすればどんなことか	財布の紐が固い時代、買い替え頻度が伸びて、本商品を長持ちさせるというニーズに応えて、3Rを商品パッケージにするにはどんなことがあるか
19	既存客からさらにビジネスチャンスをつかむ、アフターサービスや顧客管理・メンテナンスは、具体的にどういう強化を図れば既存客売上増が見込めるか	どんな有料のアフターサービスなら顧客は納得するか。ライバルと差別化できるアフターサービスは何か。アフターサービスをブランド化するには何が必要か
20	自社の商品サービスの延長線上に、新しい価値観や社会構造、ライフスタイルから増えるニーズはどんなものか	構造変化、ライフスタイルの変化があれば、そこに新たなビジネスニーズが生まれる
21	技術革新や輸入品等で新たな代用品や代替品を仕入れることができれば、どういうチャンスが広がるか	国内品に限らず海外品の低価格商品で代用できるものはないか。またこれまで、部品単位の受発注が、手間を削減したモジュール単位での代用などが該当する
22	仕入先・外注先との共同開発やコラボレーションで今後のビジネスチャンスになるテーマはないか	自社だけで考えず、川上の仕入先や外注先と共同プロジェクトをつくることで、新製品やサービス、付加価値を実現することである

	「積極戦略」のヒント	ポイント
23	どういう新たな販売先（新チャネル）の出現の可能性があるか。またそれをどのように展開すれば「機会」になりうるか	新たな売り先が市場で生まれるということは、新たな販売チャネルが生まれるということ。それに合わせた商品開発をすればチャンスは広がる
24	既存事業の不動産や固定資産活用における「機会」は何か考えられるか（賃料値下げ、複合活用等）	現在の不動産の新たな活用方法や、空室や地価の下落に伴う賃料低下の可能性をいう
25	新たに規制が強化されそうな動きで、自社の業績に直結する「機会」の動きは何か	規制が強まれば、既存業界は保護される方向に動き、新規参入障壁が高くなる可能性がある
26	逆に規制が緩和されそうな動きで、参入障壁がなくなり、自社の業績に直結する「機会」の動きは何か	規制緩和により、既存業界に風穴を開けるという可能性を指す
27	海外の政治経済のリスクから生まれる「機会」はどんなものがあるか	マクロ的に見て、自社のビジネスの影響する地政学的リスクや可能性はどういう点かを予想する
28	国内政治の動きや新法からどんな「機会」が考えられるか	政治経済の動きから、新たな法律が制定される場合、自社のビジネス機会をもたらすのは何かを検討する
29	国内の少子化、人口減から生まれる新たな市場や「機会」はどんなものがあるか	少子化、人口減から生まれる新たなニーズやビジネスチャンスを見る
30	高齢人口の増加に伴う可能性では、どんなものが「機会」につながるか	自社のビジネスに関連する高齢化市場はどういうことが成長可能かを見る

7 クロス分析②
——致命傷回避・撤退縮小戦略

1 「致命傷回避・撤退縮小戦略」の考え方

「致命傷回避・撤退縮小戦略」は、「脅威」×「弱み」から発生するものです。ネガティブな戦略というイメージです。

しかし、SWOTクロス分析における「致命傷回避・撤退縮小戦略」は、生き残るために、前向きに取り組む戦略という位置づけです。

これまでの経営改善計画書で多かったのは、この「致命傷回避・撤退縮小戦略」でした。間違ってはいませんが、これだけでは今後の成長戦略が見えません。したがって、先に「積極戦略」を十分議論したうえで、「今後の勝てる戦略」を決めた後、「致命傷回避・撤退縮小戦略」を議論します。

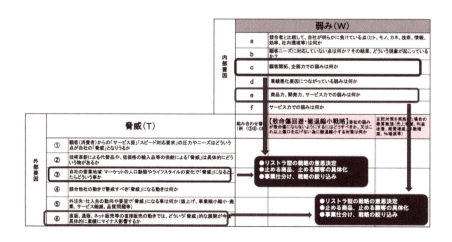

2 「致命傷回避・撤退縮小戦略」に使われる具体的な戦略

　これまで指導したクロス分析の「致命傷回避・撤退縮小戦略」の検討で、どんな具体策や戦略が出てきたか、実例をいくつか紹介しましょう。過去の経験から、だいたい下記の10項目に集約できそうです。

- 顧客・エリア・チャネルの選別（利益の出ない顧客からの撤退または選別）
- 商品の選別（デメリットの多い商品からの撤退）
- 可能性戦略への集中化（積極戦略に集中するために、赤字事業から撤退）
- 事業戦略の仕分けと絞り込み（選択と集中）
- 原価コスト見直し、発注先や規格仕様の見直しによる経費大幅削減
- 内製から外注・アウトソーシング化
- 人員配置の見直し
- 社内業務の仕分け、職務範囲の見直し（コア業務への人事）
- 資金使途の制限（投資先の絞り込み）
- 最終的には人員のリストラ

8 クロス分析③──改善戦略

1 改善戦略の考え方

　改善戦略は、「機会」「チャンス」「可能性」がある市場はあるのに、自社の「弱み」がネックになり、積極戦略を打ち出せない。このような場合は、時間をかけて「弱み」を克服することです。
　そのためには、まずは自社内の具体的な「弱み」を改善するための対策を中期計画（1～3年）の中で取り組んでいく形になります。
　基本は「積極戦略」と同じように「ニッチ市場」や「ニッチカテゴリー」の「機会」を実現するために必要な経営資源がない、または不足しているという「弱み」が顕在化しているので、それを強化する具体策を先に行うことになります。

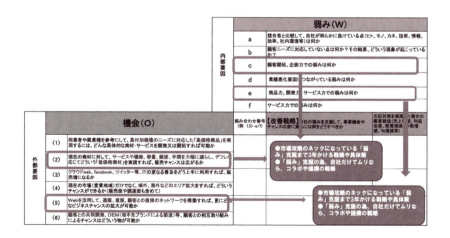

ここでも「弱み」克服のための取り組みは、あくまでも「ニッチ市場」や「ニッチカテゴリー」に限定することが肝要です。弱み克服の幅を拡げないほうがよいでしょう。

❷改善戦略の具体策

　改善戦略を実現する際に、どういうネックがあり、どう具体策として対応すべきでしょうか。ここでは代表的な4つの課題について、そのプロセスや対応策を整理しておきます。

①「弱み」を克服するために、社内の人材ではなく、新規採用とする場合
- 賃金が低ければ採用できないなら、給与体系の変更が先決
- 専門人材がおらず、一般社員を育成せざるを得ないなら、教育プログラムをどうするかを決める

②「弱み」を克服するために、多能工を育成したいなら
- 今いる人材を多能工にしたいなら、今後の採用計画、業務の見直しが必要
- 技能を定義したスキルマップ、教育計画書も必要

③資金がネックなら、資金づくりが先行する
- 経営改善計画書を作成して、リスケジュールを行う（対金融機関交渉）
- 事業の撤退縮小、コスト削減で利益を出すにも時間がかかる
- 売却できる不動産や資源がなければ、資金が生まれない
- 借入対策、資本強化策等も中期で検討する

④自社の経営資源だけで、「弱み」克服ができない場合
- 他社の経営資源を活用するためのM&Aや業務提携先の開拓
- 同業他社や異業種とのコラボ、別会社対策　等

9 クロス分析④──差別化戦略

1 両極端な考え方が生まれやすい「差別化戦略」

「差別化戦略」は、市場やニーズはもう限界、または明らかに縮小している脅威に対して、自社の「強み」をどう活かして戦略を組むかです。

先述のように「差別化戦略」は、

- 徹底して差別化と規模拡大を図り、圧倒的な一番店を狙う
- 撤退する同業者の吸収合併、支援などでシェアを高める
- 「強み」もあるが、この市場を捨てて「機会」の可能性ある分野にシフトする

などが挙げられます。

資本力があればいろいろな戦略も可能ですが、中小企業では難しい戦略です。仮に同業者が撤退した後、自社1社または2社くらいの寡占状態に

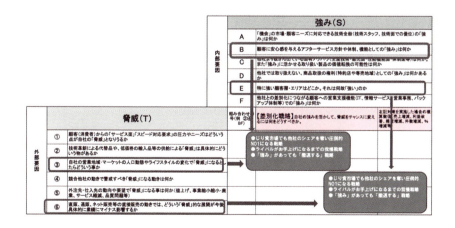

なったとしても、よほどの戦略商材を持っていない限り、やはり価格の優位性が通用しない傾向があります。

1つの判断としては、「自社含めて2～3社の寡占状態」になったとしても、その事業が赤字事業であれば、トップシェアでない限り、やはり「撤退」が正しい場合が多い。

2 「差別化戦略」で選択する戦略の例

「差別化戦略」を立案するときの具体的な切り口には、どんなものがあるのでしょうか。大きく分けて3つの選択があるようです。

①第1の選択：他社が手を引くまで我慢して事業を続け残存者利益を狙う
- マーケットがヤバイ状況なら、同業者も撤退縮小するかもしれない
- 我慢比べができる、他の収益ビジネスがあるなら、トコトンまで勝負する

②第2の選択：提携やM&Aを通じて、圧倒的なナンバーワン戦略をとる
- 同業社も本音では「あなたが買ってくれるなら売りたい」と思っている
- 同業者はこのビジネスから撤退しても、売却することで雇用も守れる

③第3の選択：自社の「強み」があっても、撤退縮小戦略をとる
- どんなに頑張っても収益可能性がないなら、早期に決断する
- 事業がまだ収益を生んでいる間は、高値で売れる
- 過去の強みに見切りをつけることも決断する

Chapter 6

SWOT分析で
中期ビジョンを構築

1 今後の外部環境の分析は「機会」と「脅威」からセレクト

❶外部環境分析はニュートラルで

　SWOT分析を使った中期ビジョンの考え方については、Chapter3で解説しました。本章では、その具体的な内容について解説します。
　まず「外部環境分析」から始めます。
　SWOT分析における「機会分析」と「脅威分析」から、中期的な「外部環境」を見立てていきます。
　その時、「ネガティブ傾向の意見に流されるタイプ」と「根拠のないポジティブ意見をいうタイプ」がいます。どちらも偏り過ぎているので、気持ちはニュートラルな自然体で議論してほしい。
　自分が攻めたいニッチ市場やニッチカテゴリーが見えていればポジティブになりますが、見えていないとどうしてもネガティブになっていくようです。
　中期ビジョン策定での外部環境分析では、どういう点に着眼すべきでしょうか。

❷これから成長可能な市場

　「ニッチ市場やニッチカテゴリー」で、今後伸びそうな商品、市場、顧客ニーズを探ります。
　現代の市場は人口減やグローバルな経済の中で、ゼロサムまたはマイナスに作用しているのは周知の通りです。したがって、「新たな成長市場」があることは、ある分野が衰退することを意味します。

もし、自社の商品のジャンルが脅威分析によって衰退市場が明らかになれば、小さくても可能性のある「ニッチ市場やニッチカテゴリー」を見つけだす必要があります。

※ Chapter3「ニッチ市場のヒント20」を参照してください。

❸経済状況が変化しても存在するニッチ市場

経済や景況がどうであっても極端な落ち込みがない業種もあるでしょうが、多くのビジネスは景気に左右されます。

一般的に不景気になると、「不要不急な商品」から買い控えが始まります。ちょっと我慢してもあまり問題ないものです。外食、装飾品や高額品、ファッション系の類、趣味……。

しかし、不景気でも人の生活に直結しているものは少しくらいダウンしても極端には下がりません。例えば食品、子どもの教育費、衣食住や健康に関わる最低限の支出です。

そして、どんなに不景気でも「儲かっている人」「おカネをジャンジャン使う人」はいます。「ニッチ市場やニッチカテゴリー」とは、もともと市場規模が小さいのですが、大きなマクロ経済の影響に左右されない顧客層を見つけることです。

大きな市場でとらえると、不景気の影響から逃げることは難しいが、「ニッチ市場やニッチカテゴリー」なら、可能性があります。

❹今後急速にブレーキがかかる市場

これはネガティブな傾向になりますが、現実的にその傾向が出ているなら、それを受け止めて環境をしっかり見るべきです。

こんなことをいう経営者がいます。

「この分野の市場はなくなるから、撤退したほうがよいと社員がいいます。しかし、まだ徹底して売る努力もしてもいないのに、弱気なことをい

うのは認めません」

　おそらくマネジメント的には、ある意味正しいのでしょう。しかし、マーケットの流れに逆らって頑張ったとしても、短期的に売上が出たとしても長期的には厳しい局面を迎えます。怖いのは、**一時的な頑張りで業績がプラスに出たとして、トレンドの変化への経営判断が遅れて、さらに厳しい状況になること**です。

　市場や商品の動き、顧客ニーズの変化で「今後急速にブレーキがかかる可能性のあるもの」は徹底して議論し、早め早めの手を打つことです。

5 競合状況、新規参入の可能性

　同業者や異業種企業が少しでも旨みがあると感じると、「雨後の筍」のように一斉に参入するのが今の企業環境です。そして、**あまり時間を待たず「過当競争」「価格競争」に陥り、優勝劣敗が決まります。**

　したがって、ここでは「狙うマーケット」は今後どんな競合状況になるか、新規参入の可能性があるかを検討します。ここでも「ニッチ市場やニッチカテゴリー」は競合が出にくい傾向にあります。

　ただし、その規模が大きくなればニッチ市場やニッチカテゴリーではなくなり、「ブルーオーシャン」から「レッドオーシャン」に変わっていきます。

6 購買チャネル、販売チャネルの変化

　購買チャネルや販売チャネルはどんどん変化していきます。特にインターネットの普及で、簡単に低価格品を購入できたり、価格比較できる昨今です。

　これまでライバルだと思っていた企業が顧客を奪うのではなく、全く関係のない業種の企業から顧客を奪取されることが日常茶飯事です。この動きには気をつけなければなりません。ということは、**自社の「購買チャネル」「販売チャネル」も角度を変えてみれば、チャンスがある**ということです。

ライバルは企業ばかりではありません。個人で中古品などの転売ビジネスを手掛ける人が急激に増えています。アマゾン、ヤフオク、メルカリ……と、便利で使いやすいサイトが次々に出現しています。これまで企業が担っていた商材を個人の素人が売買する時代なのです。

7 新技術、グローバル化による商材の代替

時代は「自動運転」「AI（人工知能）」「IOT（モノのインターネット化）」「VR（仮想現実）」など、次々と新技術が出てきています。また自由貿易の流れは調達のグローバル化を意味します。当然、中期的に自社の商品にインパクトを与える代替品の登場が出てくる可能性が大です。

8 少子高齢化、人口減少社会からのニーズ

人口構造の変化（高齢社会、少子化、生産年齢激減）が指摘されています。市場的にはネガティブですが、そういう流れから、新たな市場も出現します。

「ニッチ市場やニッチカテゴリー」はまさにそこに存在します。そこを見出すことを前向きに検討します。

2 中期ビジョンで USP をあぶり出す

❶ 企業の中期ビジョンでは USP を決める

　USP とは「ユニーク・セリング・プロポジション」の略です。一般的には「独自のウリ」と訳されます。
　例えば「〇〇の分野で◇◇といえば、△△社だね」といわれることです。この「〇〇の分野で◇◇」の表現の箇所が差別化になっており、業績にも寄与している「ニッチ市場やニッチカテゴリー」を指します。
　したがって、中期ビジョン作成時に「この 3 か年で当社は、〇〇の分野で◇◇の圧倒的な差別化・優位性を確立する」と明確にしなければなりません。その USP がない「中期ビジョン」は、おそらく現状の延長線上の対策ばかりになるでしょう。
　そして景気や外部環境がよければ業績もよいし、逆なら悪い業績しか出せないということです。俗に「他力依存の経営」ということになります。しかし、それでは事業承継後に「勝ち残る戦略がある」とは言い難いでしょう。

❷ USP ＝積極戦略

　USP を決める要素とは、どういうものでしょうか。
　USP は「ニッチ市場やニッチカテゴリー」にセグメントされた「強み」をぶつけて捻出します。したがって USP は、SWOT クロス分析の「積極戦略」と重なります。
　「〇〇の分野で…」では、「ニッチ市場やニッチカテゴリー」を出します。

そして「◇◇で圧倒的な差別化・優位性」では、「強み」を出します。
　そこで、どんな「強み」をピックアップするか、再度整理してみましょう。

【USP に使う「強み」の検討内容】

1	わが社の商品は、競合他社と比べ「ここだけがダントツに優れている」箇所は何か（ちょっとではなく、ダントツ）
2	わが社の商品は、どの分野のお客様のどんな困りごとに一番役立つか
3	競合他社より圧倒的に安くできるのは何か
4	競合他社より、圧倒的なクオリティ・付加価値があり、ある分野の顧客には高くても買ってもらえるか
5	納期、サービス、メンテ、対応のスピードが「顧客が驚く速さ」か
6	競合他社がやっていないサービスで、評価の高いサービスをやっているか
7	地理的条件が圧倒的によいか
8	購入後の保証・サポート体制はどうか
9	顧客が競合他社より、当社におカネを払うわかりやすい理由は何か。一言でいえば、何がよいからなのか
10	顧客が口コミしたくなる話題、紹介したくなる理由は何か

3 中期ビジョンの構成要素

■1 中期ビジョン「5つ」の構成要素

中期ビジョンには、SWOTクロス分析という戦略立案ツールを使って、下記のような「方針や戦略」を文書化します。ビジョンの解説をしっかり書いてもよいし、体系図でわかりやすくペーパー1枚にしてもかまいません。

重要なことは「中期ビジョンや中期戦略」が、納得のいくカタチになり、後継者や経営陣、幹部、社員のベクトルをそろえていくということです。

- USP＝「〇〇の分野で◇◇で圧倒的なNo.1」という固有の表現にする
- 新商品開発・開拓・既存商品強化の方針と戦略
- 新規開拓、新チャネル・エリア開拓・既存顧客強化の方針と戦略
- コスト改革（原価・固定費他）・品質向上の方針と戦略
- 組織改革・企業体制・その他の方針と戦略

■2 USP＝「〇〇の分野で◇◇で圧倒的なNo.1」を固有名詞にする

前述のUSPを明確にした後、これを文書にしておきます。その場合、なぜこのUSPなのか、理屈が通る解説は必要でしょう。これは「中期ビジョン」のヘッドラインになる表現です。わかりやすくシンプルな文言で書きます。

❸新商品開発・開拓・既存商品強化の方針と戦略

当然、既存商品の延長線上では未来は描けません。したがって、

> - USP につながる新商品の開発、開拓、取扱
> - 「ニッチ市場・ニッチカテゴリー」に相応しい新商品
> - 既存商品の改良、再強化策

等のニッチ市場やニッチカテゴリーで、自社の強みが発揮できる「新商品」「商品の改良」または導入などがここに記載されます。

❹新規開拓、新チャネル・エリア開拓・既存顧客強化の方針と戦略

「ニッチ市場やニッチカテゴリー」の顧客や地域、または新販路など具体的なターゲットがここに記載されます。

既存顧客のみの延長線上にビジョンはありえないので、

> - 市場の変化、購買手段の変化に伴う新たな販売・取引チャネル
> - USP が活かせる販売チャネルや顧客層
> - ニッチ市場のターゲット顧客の設定
> - 既存顧客の育成、シェアアップ対策
> - 地域戦略、取引ネットワークの拡大と集約
> - Web.ネット関連の顧客開拓

等の中身が具体的に書かれなくてはなりません。

5 コスト改革（原価・固定費他）、品質向上の方針と戦略

コスト戦略は今後の商品戦略、顧客戦略から考えます。「ニッチ市場やニッチカテゴリー」のUSPを優先し、それ以外の「非優位性戦略」を減らす、撤退するという大きいコストから戦略を議論します。小さなコスト削減議論は後回しです。

製造業や加工の業務がある企業では、内製化とアウトソーシングの比率の見直しも入ります。狙うターゲットによって材料費、外注費、労務費の構成比は変えるべきだし、何がコアで、何が非コアかによっても変わります。

また、仕入先と仕入商品の改革もUSPに合わせて議論します。今後のUSPを考えて、仕入先は妥当か、仕入額を下げたい場合の自社のリスクと負担はどうかなどを検討します。

販売費及び一般管理費では、金額の大きい管理可能経費（自社の努力で管理が可能が経費）を検証します。

しかし、USPや今後の戦略に必要な広告経費や投資の経費は必須経費になるので、ここでは混同しないようにします。

USPや今後の戦略に必要な、品質見直し（認証取得含む）、サポート体制などの強化策を書きます。

6 組織改革・企業体制・その他の方針と戦略

後継者に経営がバトンタッチされると、中小企業なのに間違ったことを高い優先順位にするケースを見ることがあります。例えば、大企業や中堅企業がよくやるような、「組織改革ありき」を先にやることです。

Chapter1やChapter 2でも述べましたが、後継者がまずやるべきは、USPにつながる戦略立案です。「組織体制の変更」はその後です。しかし、USPが決まっているなら、下記のような内容が中期ビジョンでは記載さ

れます。

> - 組織体制（採用、部門統廃合、退職者対策、外注化⇔内製化等）の変更
> - ガバナンス（企業統治）の新たな取り組み（株主対策、金融機関対策）
> - 組織機能の見直し（顧客に近い組織、既存客を大事にする組織）
> - 人事制度の見直し（人事評価制度、賃金制度、雇用制度改革等）
> - ITの見直し（今後のIT環境全般、Web、SNS戦略、顧客管理システム、受発注システム、PR戦略等）

7 3年に1回のビジョン見直しとSWOT分析実施

　3年もすれば経営環境も変わるし、自社の経営資源も変わっているかもしれません。

　私たちがコンサルティングしているクライアントでは、3年に1回「中期ビジョン」の見直しをします。その時、全クライアントとはいいませんがSWOT分析を行い、改めて外部環境分析と内部要因分析を実施し、そして「前回のSWOT分析での各戦略がこれからの3年間も妥当かどうか」のレビューをするというものです。

4 中期ビジョン体系図の書き方

　144〜145ページは、Chapter 4でも紹介した「中期戦略体系図」です。中期ビジョンをペーパー1枚にして説明したものです。
　このフォーマットの例を見れば、各項目にどんなことを記載すべきかがわかります。

Column ❷ SWOT分析検討会を円滑に進めるコーディネート実務 1

「SWOT分析をしたけれど、真新しい戦略なんて出なかった」とネガティブな意見をいう人もいます。

SWOT分析でも他のマーケット分析でも、進め方次第で結果は大きく変わります。

ここでは、どういうことを意識して「SWOT分析検討会」を推進するか、コーディネーターや司会者の立場でそのノウハウを紹介します。

①	「機会」「強み」を聞き出す質問だけでなく、「なぜそう思うか」の具体的意見を考えさせる質問を意識する
②	チャンス・機会の答えが出ない場合、「仮に○○すれば…」で検討するよう指示する
③	「○○ができるなら、この□□はチャンスになる」などの「タラレバ」をヒントに使う
④	アドバイスはしない。自分の見解をお仕着せしない。もっと具体的にいわせるように聞き出す
⑤	何らかの答えがあったら、入力をする（表現の是非は相手に聞きながら入力）
⑥	「機会」は可能性だから、少しでも前向きなものがあれば入力する
⑦	可能性を聞いたら、「それが実現できるには、どういう事前対策や条件が必要か」をさらに聞く
⑧	参加者が答えた内容に連動した質問を続けてどんどんする。ぶつ切り質問にすると深堀できない
⑨	1つの可能性が出たら、そこにフォーカスして他の人にも意見を求める。フォーカスしたら質問を変えない
⑩	時に、プロジェクターのスクリーンを見せながら「こういう表現でいいですか」と確認する

※ Column ❸に続く（147ページ）

■SWOTクロス分析後の「中期戦略体系図」

短期 or 中期	優先NO	クロス分析の戦略と具体策
この1年間で着手し推進する「積極戦略」「致命傷回避・撤退縮小戦略」	1	
	2	SWOTクロス分析の ● 「積極戦略」 ● 「致命傷回避・撤退縮小戦略」 の中から、早急に行動する項目を優先度の高いモノから箇条書きで記載
	3	
	4	
	5	
3カ年で結果を出すための各種戦略・戦術	1	
	2	SWOTクロス分析の ● 「積極戦略」 ● 「致命傷回避・撤退縮小戦略」 ● 「改善戦略」 ● 「差別化戦略」 から、3か年計画で結果を出す項目を記載
	3	
	4	
	5	

Chapter 6 SWOT分析で中期ビジョンを構築

会社名（　　　　　　　　　　　）

短期実行対策及び3ヵ年中期方針及び実施戦略 （1〜3ヵ年で構築する「商材」「顧客」「コスト」「組織改革」）			3ヵ年中期ビジョン（目標値） （勝ち残るための必須条件でも可）	
新商品開発・既存商品強化の方針と戦略	1		中期戦略目標（構造改革する項目と指標）	● USPを明文化 ● USP＝「○○の分野で◇◇で圧倒的なNo.1」を具体的に記載 ● 3ヵ年の売上・利益目標 ● 指標では、USPにつながるKPI（重要業績指標）が入る
	2	● USPにつながる新商品の開発、開拓、取扱 ●「ニッチ市場・ニッチカテゴリー」に相応しい新商品 ● 既存商品の改良、再強化策		
	3			
新規開拓・既存顧客強化、新チャネル・エリア開拓の方針と戦略	1	● 市場の変化、購買手段の変化に伴う新たな販売・取引チャネル ● USPが活かせる販売チャネルや顧客層開拓 ● ニッチ市場のターゲット顧客 ● 既存客の育成、シェアアップ対策 ● 地域戦略、取引ネットワークの拡大と集約 ● Web．ネット関連の顧客開拓	売上（商材・顧客・新規対策）に関連する目標	● USPや新戦略に直結した商品群、顧客などの売上目標 ● 新戦略のKPIなど
	2			
	3			
コスト改革（原価・固定費他）・品質向上の方針と戦略	1	● USPに連動しない大きなコストダウン戦略 ● USPに直結した販促や他の投資 ● USPに直結した品質体制の見直し等	利益・業務品質・組織に関連する目標	● 営業・経常利益目標 ● 品質目標、新戦略に基づいた品質対策 ● 主要な組織変動の具体策
	2			
組織改革・企業体制強化の方針と戦略	1	● 組織体制（採用、部門統廃合、廃止、退職者対策、外注化⇔内製化等）の変更 ● ガバナンス（企業統治）の新たな取り組み（株主対策、金融機関対策） ● 組織機能の見直し（顧客に近い組織、既存客を大事にする組織） ● 人事制度の見直し（人事評価制度、賃金制度、雇用制度改革等）	その他	
	2			

5 中期ビジョン体系図（事例）

　実際の中期ビジョンを戦略体系図で1枚にした事例を紹介します。大手家電量販店の下請「配送据え付け業者」のSWOT分析後の「中期戦略体系図」です（148～149ページ）。

　この会社では、家電量販店からの価格圧力が強く、さらに夏場のエアコン配送据え付け需要に合わせた体制を組むと、それ以外のシーズンは赤字という構造的な課題を抱えていました。そこで、「脱家電配送」により、自前の営業力強化を全面に出しました。一般的には太陽光発電とか、IHヒーターやエコキュートなど自家用設備の営業をすることは珍しくありません。この会社のUSPは、「強み」や「脅威」を逆手に取り、地盤低下がはなはだしい「街の家電店との提携戦略」に舵を切ったことです。

　高齢化が進み大型家電が配送できない街の家電店ですが、家電配送で鍛えられた「修理力」と「大型家電設置能力」を武器に、地域高齢顧客との強い信頼感があることで、太陽光発電等の情報をもらえると判断しました。実際にいくつかの家電店と提携し、太陽光発電の受注も増えました。

　また、「致命傷回避・撤退縮小戦略」では、ある地域の撤退と支店の分社化にともなう「リストラ策」も入っているので、けっしてバラ色の「攻めるだけの中期ビジョン」ではなかった。

　つまり、この会社では中期ビジョンの策定において、「家電店との提携による積極戦略」と、「不採算支店の分社化による撤退縮小戦略」を同時に策定したわけです。とても思い切った戦略であり、なかなか決断できないものですが、SWOT・クロス分析はその根拠をあぶり出してくれるので、社内で納得が得られやすいし、決断や実行もしやすい戦略を打ち出すことができます。

Column ❸　SWOT分析検討会を円滑に進めるコーディネート実務2

Columu ❷（143ページ）の続きです。

⑪	参加者の言葉はすべてヒントや可能性ととらえ、今質問できないなら、メモを残して後から聞く
⑫	異業種の「例えば○○のようなことは考えられるか…」と質問し、少しでも可能なら入力する
⑬	「他に機会はないか」「他に強みはないか」と抽象的な質問ばかり繰り返さない。絞った形で意見を聞き出す
⑭	固有表現の具体策を求めるなら、質問も固有で行う（固有とは具体的な名称）
⑮	参加者の表現が的を得ていない場合、「こういう表現でいいですか」と入力した言葉を見せながら確認する
⑯	参加者は業界事情を詳しく知っているので「こんなことは強みでも、機会でもない」と勝手に決めつけているもの
⑰	良い意見をいう若手がいても、権力のある人の強い言葉に口ごもるので、意見を述べる場をしっかりつくる
⑱	コーディネーターは単なる司会ではない
⑲	コーディネーターは意見の絞り込みや新たな視点での質問などで、結果や物事を具体化させる業務と心得る
⑳	1か月後でも見てわかる表現にする。その時の思いだけの表現は後から、何のことかわからなくなる

これらの原則にそって後は場数を踏めば、ある程度のコーディネートはできるものです。

■ SWOT クロス分析後の「中期戦略体系図」

短期 or 中期	優先NO	クロス分析の戦略と具体策
【短期実行対策】1カ年で結果を出す優先度の高い	1	施工要員の接客力を活かし、エアコン取り付け時に洗浄予約、電球交換、他家電類の清掃やチェックを行い、指名で相談を受けられるようにする
	2	「街の電器店」と〇〇家電配送サービスとの役割の整理と手数料の決定…家電店との相互支援システムのパンフの作成と配布
	3	春先に過去のエアコン取り付け客へ「エアコン洗浄」のキャンペーン案内（Bに許可を取ってから）
	4	街の電器店が太陽光発電の営業がしやすいオリジナルパンフの作成
	5	地域限定の太陽光発電、IHヒーター、エコキュートのキャンペーンを展開
	6	商品説明しやすい「質問別の話法マニュアル」の作成
	7	営業要員（太陽光、オール電化がわかる社員）を至急1名採用
【中期戦略と仕掛け対策】3カ年で結果を出すための優先度の高い	1	Bの赤字店舗の配送営業所を分社
	2	冬場、春先の業績安定のための太陽光発電、オール電化販売、リフォーム（自社での販売と街の電器店からの紹介受注）の促進
	3	「街の電器店」の組織化と後継者向け勉強会の定期開催
	4	
	5	

Chapter 6 SWOT分析で中期ビジョンを構築

会社名（㈱●●家電配送サービス）

短期実行対策及び3ヵ年中期方針及び実施戦略 (1～3ヵ年で構築する「商材」「顧客」「コスト」「組織改革」)		
新商品開発・既存商品強化の方針と戦略	1	エアコン取り付け時の洗浄予約、家電提案で販売増
	2	春先に過去のエアコン取り付け客へ「エアコン洗浄」のキャンペーン案内
	3	自社での太陽光発電、エコキュート、IHヒーターの販売キャンペーンの実施
	4	電器店との相互支援システムで太陽光発電、エコキュート、IHヒーターの販売
	5	電器店からの情報中心にリフォーム、小工事の受注
新規開拓、新チャネル・既存顧客強化のエリア方針と戦略	1	「街の電器店」と〇〇家電配送サービスの提携パンフの作成と訪問
	2	春先に過去のエアコン取り付け客へ「エアコン洗浄」のキャンペーン案内
	3	冬場春先の業績安定のための太陽光発電オール電化販売（街の電器店ルート）
	4	「街の電器店」の組織化と後継者向け勉強会の定期開催
	5	
コスト改革（原価・固定費他）・品質向上の方針と戦略	1	Bの赤字のK店の配送営業所を分社により大幅リストラ
	2	
組織改革・企業体制強化の方針と戦略	1	太陽光、オール電化向け営業要員採用
	2	工事要員のエアコン洗浄受注と家電販売ノルマ化
	3	

3ヵ年中期ビジョン（目標値）（勝ち残るための必須条件でも可）	
中期戦略目標（構造改革）する項目と指標	家電配送売上を当てにしない営業政策
	街の電器店ルート販売支援システムの構築
	赤字のK店の分社化と工事要員の営業目標のシステム化
売上（商材、顧客・新規）対策に関連する目標	本社単独で売上1億9000万円
	家電配送売上比率を40％未満にする
	〇地区の電器店契約先20店
利益・業務品質・組織に関連する目標	経常利益2000万円
	専属営業要員を2名体制
その他	太陽光、オール電化仕入で代理店になる（今は2次代理店）

Chapter 7

中小企業の「隠れた強み」を掘り起こす

1 どの企業にもある5つの「強み」につながる経営資産

　「強み」を分析する方法は、本書で紹介したいくつかの「チェックリスト」で探すことである程度は見つかるでしょう。「強み」につながる経営資産はどの会社も持っているのですが、それを客観的に分析していないことが多いようです。
　「資産」というとピンとこないかもしれませんが、私たちはSWOTでは下記の5つが会社の資産だと定義しています。

- 顧客資産
- 商材資産
- サービス資産
- 組織・機能資産
- 異業種からコラボしたい・活用したいといわれる資産

1 顧客資産

　ここでいう顧客資産とは、今の優良顧客が将来にわたってどういう動きをするかを見すえて、「資産」となるものかどうかを選別していく考え方です。

- 今取引している商材や売上だけに目を奪われずに、**顧客が将来にわたって自社にメリットをもたらすこと**（Life time value＝生涯付加価値）を導き出す

- 有望な顧客が将来変化していくなら、自社も変革させて対応する――「顧客についていく」（顧客が他地域に進出するなら、自社も営業所を出店する）
- 今の取引商材だけでなく、顧客のニーズがある他分野ビジネスに積極参入する――顧客の支払いに占める比率を高める（仕入先や納入業者という枠を超えて提案する。すでに口座を持っているので相見積を出しやすい）
- 「顧客の顧客」は、自社の「顧客」に何を望んでいるか――どんなマーケティング戦略をしようとしているかを調査することで、今の顧客の「戦略」が見えてくる

2 商材資産

　商材資産とは、今の商品、サービス、取引ルート、販売地域などの資産をどのように活用すれば、さらに新たな成長の可能性があるかをみます。
　チェックポイントとして、次のようなものがあります。

- 今の取扱商品・販売権を、違うチャネル（販売先）に展開できないかを考える
- 業務用を個人用に、個人用を業務用に、代理店販売を直販に、店頭販売をWeb販売にとチャネルを変えることで、できることはないかを検討する
- 取扱商材の新たな使われ方は何か、商材の仕様変更で発生する新たに発生するマーケットは何かを検討する

❸サービス資産

　自社のサービス力や提供しているサービスをどう機能的に活かせば「資産」になりうるかを検討します。
　サービスの考え方は、すでに実施しているものの中で評価が高いものをさらに育成して「圧倒的な強み」にしていくことです。

> - すでにやっているビフォアサービス──実際の製造や施工など、納品前の段階で行っているサービス。「事前のケア」が秀でており、それが顧客の安心感や購買理由になっている
> - すでにやっているインナーサービス──製造時、施工時、納品時などで直接行っているオンタイムのサービス。ここでの丁寧さや付加価値が顧客の購買理由になっている
> - すでにやっているアフターサービス──納品後、実施後のアフターサービスで、「このことでリピーターが多い」といわれるもの

❹組織・機能資産

　これは、ある部門、ある機能を持っていることで差別化できていることを指します。例えば、修理部門等の技術サービス部門を持つことで、アフターサービス戦略を描くことができ、それを USP にすることもできます。
　また、配送車両や倉庫の有無により、顧客サービスが変わってきます。もしかしたら、「高コスト体質の原因になっている組織・機能資産」が、使い方によっては「ニッチ市場やニッチカテゴリー」に使える強みに大変身することもある。

5 異業種からコラボしたい・活用したいといわれる資産

　同業種から見れば自社の「強み」など特別でも何でもないと思うことでも、異業種から見た場合にどういうメリットになるかを検討します。
　例えば、自社の顧客資産、商材資産、サービス資産、組織・機能資産を冷静に分析して、

> - その「資産」を使いたい、借りたい業種はどこか
> - ある異業種が自前でこれらの資産づくりを行うには、時間もコストもかかり過ぎるが、自社の資産に相乗りすれば、比較的早く、顧客満足につながることは何か
> - 異業種から業務提携をしたいとオファーが来るとしたら、自社のどの資産をどう使いたいか？

　等を考えた時、**ある特定の異業種の戦略に「自社の経営資源」が使えるなら、それは、その異業種にとっては必要な提携先になるわけです。**
　もしかしたら、その「強みである資源」を整理して、該当する異業種にDMを送ったり、Webでの告知をすることで反応があるかもしれません。チャンスは意外なところからやってくるものです。

Chapter 8

後継者中心に
商品開発のコンセプトを
明確化する

1　「失敗確率を減らす商品開発」の基本的な考え方

■1 中小企業の新商品の成功確率

　アメリカでの調査ですが、**新製品の成功確率は5%**だという衝撃的な話を聞いたことがあります。100製品開発して、5製品しか業績貢献しないということです。

　それほど新商品開発はリスクと隣り合わせですが、どんな企業も「既存商品」だけではじり貧は免れないことから、せっせと新商品開発を進めます。

　そこで、私たちが過去行ってきたコンサルティングにおいて、商品開発でまあまあうまくいった事例（失敗とは定義されない事例）において、10ポイントほど要点を整理しました。

　この10ポイントとSWOT分析は親和性があることから、本書でも推奨しておきます。

■2 新商品の失敗確率を少なくする10のポイント

　私たちがまとめた「新商品開発10の基本」は以下の通りです。

❶本業の「強み」をさらに強める商品であること
- 「強み」はすでにマーケットに認知されている
- 「強み」をさらに強化した商品は差別化しやすい
- 「強み」商品のバリエーションを増やし、横展開が可能かどうかを検討

❷**商品本体（機能、価格、デザイン等）、周辺・アフター、販売方法が既存の商品と差別化されていること**
- 既存商品よりも変化がなければ顧客は反応しない
- 顧客は先行商品より小さな変更点を喜ぶ傾向にある（あまり冒険したくない心理がある）
- 自社としては初の新製品でも、他社がすでにやっている商品なら「価格」「デザイン」「機能」「使い勝手」「品質」「アフターサービス」等の何らかのプラスαが求められる。

❸**開発チームは、開発だけにとどまらず「プロダクト・マネージャー」として、販売まで責任をもつ**
- 開発者の思いが一番強く、どう売るべきかまで考えているはずである
- 販売を考えない開発は成功しにくい

❹**いきなり開発せず、仮説・検証を繰り返し、「顧客の視点」「顧客価値」が十分反映されていること**
- すべての商品は「顧客価値」で決まる（こちらが売りたい商品ではなく、顧客が買う理由が最優先）
- 売れる仮説を立てたら、即検証を繰り返し、顧客の意見も聴取する
- 顧客の意見とは、購入に決定権や影響力を持っている人である（関係ない第3者の意見に左右されないようにする）

❺**あらかじめ開発予算のラインを決めておく**
- 泥沼投資にならないように、予め投資額のラインを決めておく
- 大事な資金をムダ使いしないように、1つ1つを真剣に慎重に進める（思いつき、行き当たりばったりが開発を頓挫させる）

❻**試作・デモ・テスト販売により顧客の意向を開発に反映させる**
- 顧客相手に試作機やデモを繰り返し、顧客からの意見を慎重に聴取する

- 顧客の変な使い方こそ、新しいアイデアの可能性がある（こちらの前提を強要しない）

❼ **万人受けを狙わず、「こだわり」「とんがり」を具体化する**
- 万人受けは中途半端な商品になってしまい、差別化が難しい
- こんな顧客だけに使ってほしい「とんがった理由」を明確にする

❽ **他社がすでにやっている商品なら「2番煎じ」までの商品である**
- 柳の下にドジョウは2匹までいる（3匹目以降は、価格競争になる）

❾ **「売れる前提」ではなく「売れない前提」に時間を割くこと**
- 売れる前提の議論はプロダクトアウト（生産者志向）の考え方
- 売れない前提の議論はマーケットイン（顧客志向）の考え方
- 売れない議論をして、それを論理的に打破できれば、売れる理由になる

❿ **多くの社内の人間が「売れる」と思うものは、売れない場合が多い**
- 皆が売れると思う商品は意外と売れていない
- 「あんなもの売れるはずない」といわれる物が意外に売れる
- 要はカネを出す顧客が「カネを出してもほしいか」どうかで決まる（社内事情ではない）

2　商品開発にSWOT分析を反映させる

　SWOTクロス分析を使った商品開発では、「機会」×「強み」＝「積極戦略」の中から新商品や新サービスが生まれます。

　普通は「強み」をベースに商品開発を進めますが、そこには市場性があるかどうかが重要です。しかも、中小企業にとっては「ニッチ市場やニッチカテゴリー」に当てはまるかどうかです。

　多くの中小企業で「SWOT分析を使った商品開発企画」のコンサルティングをしてきましたが、私たちが過去、商品開発コンサルティングで協力した代表的な業種は以下の通りです。

- 日配食品
- 介護サービス
- 半導体関連サービス
- 青果小売加工品
- コンサルタント
- 建設業
- 設備業サービス
- 機械製造
- 旅館・飲食店のご当地PB
- NC制御装置関連　等々
- 印刷関連サービス
- 住宅・リフォーム
- 観光ホテル企画
- 会計事務所サービス
- 通販化粧品
- スポーツショップサービス
- レストラン
- アパレルPB商品
- 住設機器

3　SWOT分析で使う商品開発アイデアのヒントと質問30

　実際に「SWOT分析による商品開発」を行う際の、「機会」を中心としたヒントを30項目にして整理します。
　これらのヒントと「強み」を掛け合わせて、商品開発のコンセプトをつくります。

【SWOT分析を使った「商品開発」アイデアのヒント30】

	チェックポイント
1	同業者や異業種を参考にして、高付加価値のニーズに対応した「高価格商品」の開発
2	現在の商材に対して、サービスや機能、容量、頻度、手間を大幅に減らした「低価格商材」の開発・開拓
3	顧客の「品質面」のニーズに応える具体的なサービスや付加機能提供の開発
4	顧客のニーズに対応して、無償サービス開発による囲い込み
5	今まで無償だったサービスの品質を上げて、有償サービス化ができるサービス内容の開発
6	顧客の「嗜好性」に対応する商材・サービスの開発
7	顧客の「不便さの解消」に対応する商材・サービスの開発
8	顧客の「コスト削減要求」に対応する商材・サービスの開発
9	web、facebook、ツイッター等、タブレット端末、スマホ等に活用できる商品の開発
10	自社の営業地域・マーケットの人口動態や年齢層の変化に合わせた企画開発

	チェックポイント
11	現在の市場（営業地域）だけでなく、域外、海外などのエリア拡大を可能にする開発
12	Webを活用して、通販、直販、顧客との直接のネットワークが構築可能な開発
13	顧客との共同開発、OEM（相手先ブランドによる製造）等、顧客との相互取り組みによる開発
14	あえて「無料化」「低価格化」「フリー化」を特定商材やサービスで実現する企画開発
15	既存商品の「リペア・リサイクル・リフォームによる低価格での付加価値サービス」による特定商材・サービスの開発
16	既存客からさらにビジネスチャンスをつかむため、アフターサービスや顧客管理・メンテナンスの具体化によるサービス開発
17	顧客がアウトソーシングしてでも手間を省きたい、または「どこかの業者がやってくれるなら丸投げしたい」と思っていることを実現するサービス開発
18	今の商材の使われ方・用途を変えることで、新たな用途開発につながる「価値転換」と規格変更による開発
19	ネーミング・パッケージ・容量・流通ルートなどを変えることで、新たな顧客を取り込み、新販路開拓につながる改良
20	既存商品の周辺サービス、周辺業務、周辺商品による付帯売上拡大と、同業者顧客への付帯ビジネス受注が可能な商品・サービス開発
21	強み商品のバリエーションを増やす品揃え、シリーズ化で、さらに「強み商材」の厚みを増す開発
22	同業者のマネしたい戦略の物まねによる開発
23	同業の競合他社をライバルではなく、顧客と考えた場合の商品開発、機能開発
24	同業他社独占のオンリー客を攻めて、顧客開拓とシェアアップを図るための武器づくりの開発

	チェックポイント
25	自社の知的財産・独自ノウハウ・独占権の活用による販売拡大またはロイヤリティ収入
26	仕入先・外注先との共同開発やコラボレーションによる企画開発
27	技術革新や輸入品等で新たな代用品や代替品を仕入れることによる商品開拓やサービス開発
28	元請や仲介先、顧客に影響されない対策をとるための独自商品開発
29	新たな販売先(新チャネル・新販路)の出現と開拓の可能性を想定した商品開発
30	別ブランド等を、直販、通販、ネット販売等の直接販売を想定した商品開発

後継者が行う新規事業参入の可否判断をする

1 「新規事業の是非」を決める前に

◼1 新規事業への参入は慎重に

　中小企業における新規事業の成功確率も商品開発と同じようにかなり低い。実際に私たちがコンサルティングしたケースでも、途中挫折は少なからずあり、成功確率は低いのが実状です。

　後継者が既存ビジネスの限界や行き詰まりに悩み、新規事業にその打開策を求める場合、特に注意が必要です。

　「新規事業」の進出前にどこまで冷静に分析できるかが重要です。特に経営者の特徴が次に列記したような場合、新規事業はほとんど失敗します。

【新規事業で失敗しやすい経営者の特徴】

1	儲かることが前提の事業計画で「捕らぬ狸の皮算用」
2	その事業のリスクについて、第3者の声を聞きたがらない
3	なぜ、うまい話が自分に来たのか疑っていない
4	過去に新規事業を何回も失敗している（失敗する性格）
5	なぜお客様がそのビジネスにお金を払うのか、理論的に説明できない（お金を払うお客様の声が不足）
6	とにかく準備・事前調査を省きたがる
7	最初はやる気があるが、途中で冷めやすい
8	自分で始めておいて、すぐ自分以外の誰かに任せたがる
9	資金的な余裕がない中で、勢いで参入する
10	［悲観的に準備し、楽観的に行動せよ］の逆を行く

2 「新規事業の是非」を決める時もSWOT分析が有効

なぜ、新規事業において SWOT 分析が効果的だと自信をもっていえるのでしょうか。それは以下の理由からです。

- これまでの SWOT 分析を使った新規事業の可否判断も、35 を超える事業所で活用してきた経験がある
- 「思い込み」と「期待先行」に走りがちな新規事業の可否が SWOT 分析というフレームで理論的に整理され、経営者の「無謀な新規事業に歯止め」がかかったケースも多い
- 新規事業プロジェクトの企画段階で SWOT 分析を導入することで、仮説検証がしやすくなる
- 新規事業案件に可能性があるかどうか、客観的な分析と理論的根拠を与えるのに SWOT 分析が有効
- 新規事業に挑戦する時、「リスク分析」がないと往々に失敗するが、SWOT 分析ではそれが客観公平に議論できる

3 SWOT 分析で「新規事業の是非」を判断するポイント

実際に SWOT 分析を使って、新規事業の可否判断を行う場合、下記のことを確認しながら進めます。

①その新規事業は「思い込み」「期待先行」でないことを確認
- 本業が不振で、早く新規事業を立ち上げたいと焦った時は要注意
- 「うまくいく条件」ばかり考えると必ず落とし穴がある
- 「合理的な反対意見」には耳を傾け、メリット・デメリット分析を客観的に行う

②人からすすめられた新規事業
- 「なぜ、そんなうまい話が当社に来たのか」まず疑ってかかる
- 積極的に進められる案件には、「すでに取り組んでいる実際の人の声」を聞く（ただし、業者が選んだ人以外も裏ルートで調査する）

③その新規事業には、現在の「強み」の経営資源が活かせるか
- 今の「強み」が活かされない事業は、リスクが大きい
- 「強み」の経営資源がなぜ活かせるのか、客観的に分析してみる
- 「強み」の経営資源が、これから参入しようとしている業者より何らかの優位性や差別化がないと、「強み」が生産性を発揮できない

④その新規事業を「機会分析」に掛けて、市場性があるかどうか
- 「機会分析」を掛けることで、新規参入・後発組として、ニッチ市場やUSP（独自のウリ）が見出せるか
- 「機会分析」で顧客ニーズを集められるか
- 顧客ニーズとは、「買う顧客ニーズ」であり、買わないのに「いいですね」という声はダメ

⑤「機会」×「強み」＝「積極戦略」が妥当な新規事業かどうか
- 「ニッチ市場」かつ「差別化が可能な分野」であり、自社の「特定の強み」が活かされるかどうか
- 「積極戦略」の中身に「勝てるイメージ」が持てたかどうか

4 「新規事業の可否判断」を行うSWOT分析の全体像

　次のページ（170～171ページ）はSWOT分析による「新規事業の可否判断」の全体像です。文字が小さく見にくいですが、次項で戦略ごとに分割して見ていきます。

Column ❹　SWOT分析否定派の誤解

　SWOT分析は多くの人に認知されつつありますが、まだまだ誤解が多いのも事実です。実際に「SWOT分析の否定派」は、どんな疑問を持っているのでしょうか。その疑問に対する「答え」を整理します。

　代表的な疑問として次の6つの「question」を挙げてみました。

> ❶市場・環境・競合先によって異なる「強み」「弱み」を、攻める市場を決めずして分析しても意味がない
> ❷外部要因の「機会」は未来の予測であり、不確実性の中で戦略を決めるべきではない(誰も未来予測できない)
> ❸SWOT分析したからといって、何も結論が出ない
> ❹最初に結論ありきで、それに合わせてSWOT分析で辻褄を合わせただけ
> ❺「機会」検討時にマクロ分析（3C、PEST、5フォース等）しても抽象論しか出ない
> ❻机上の論理で戦略決定なんか危うい

それぞれの「answer」を下記に整理します。

❶その通りです。「強み」「弱み」は狙う機会・市場に対してどうかを議論するのがベスト。だから狙う市場と競合に対しての「強み」「弱み」をみます

❷その通りです。だから「もし〇〇するとしたら…」という〈タラレバのヒント〉から現在の市場の少しだけ先を議論します

❸その通りです。SWOTの4つのゾーンを議論するだけでは、絞り込み、戦略や行動計画のイメージは湧きません。クロス分析とアクションプランまでが必須なのです。

❹そういう場合も正直あります。しかし、戦略の仮説を先に決めて、それに対して戦略の妥当性を判断するためのSWOT分析という使い方も結構多いパターンです。

❺その通りですね。3Cも5forceもPESTも、一般の素人には難しい。今の情報をベースにして「悲観的な未来」を考えるくらいです。

❻その通りです。SWOT分析はあくまでも仮説です。だからその仮説が妥当かどうかの検証を繰り返し、PDCAを回す必要があります。

■新規事業参入　可否判断　SWOT分析全体像

外部環境		機会（O）
	1	その新規事業に参入すると、市場はどう活性化されるか
	2	新規参入分野の利益を出している同業者は、何が市場ニーズにあっているのか
	3	その新規事業では顧客は今後、どういう商品・サービスにメリットを感じて購入してくれると思うか
	4	その新規事業は、不況や経済危機、消費不振の中でもどうプラスに作用するか
	5	政府の経済対策・規制緩和・規制強化では、その新規事業は自社の業界市場にどうプラス面があるか
	6	IT、AI、IOTの普及でその新規事業はどんなビジネスチャンスの可能性があるか
	7	その新規事業で、どういう新たな購買層、顧客層を生むと思われるか
	8	今後の技術革新による新規事業は、どういうビジネスチャンスがあるか
	9	その新規事業は、技術革新・グローバル化でどういうコストダウンの可能性がある
	10	その新規事業は、顧客や市場の勢力図をどう塗り替え、どういうゾーンがターゲットになりうるか
	11	全世界的な環境問題への取り組みでは、自社の市場にどういうプラスが考えられるか
	12	その新規事業は、現在の経営資源にどう相乗効果を発揮するか
		脅威（T）
	1	新分野では、同業者・競合社・大手の動きで脅威は何があるか
	2	新規事業の商品の役割、寿命、技術革新による代替品の成長、それに乗った他業界からの参入は何が脅威か
	3	その新規事業の商品は、低価格品、低利益品が出てくるか、またそれはどう市場を変え脅威になっていくか
	4	その新規事業をすることで、取引先である既存顧客のニーズはどうマイナスに作用するか
	5	その新規事業をすることで、主力取引先はどういうマイナス要因で衰退していくか
	6	その新規事業をすることで、仕入先・外注先には今後、どういう脅威があり得るか
	7	その新規事業ではコストアップ要素として何が考えられるか
	8	その新規事業を行うことでの労働環境・人材獲得はどういう点が脅威か
	9	その新規事業で、今後の政府の法制化、規制緩和や規制強化はどのような脅威があるか
	10	その新規事業でIT化・インターネット普及による脅威は何があるか
	11	その新規事業でグローバル化による脅威は何があるか
	12	その新規事業は、産業構造、消費構造、経済情勢の変化でどう衰退するか

検討の結果、この（　　　　）は、積極的に取り組む	検討の結果、この（　　　　）は

Chapter 9 後継者が行う新規事業参入の可否判断をする

内部要因			
	強み（S）		弱み（W）
a	新規事業に活かせる自信のある点（ヒト、モノ、カネ、技術、情報、効率、社内環境等）	a	新規事業を行うことで、自社が悪くなること（ヒト、モノ、カネ、技術、情報、効率、社内環境等）
b	新規事業に活かせる顧客から評価されている事項、認められている点	b	新規事業に取り組む上での財務的なネック（投資限界や初期投資額）
c	新規事業に活かせる営業全般の強み（顧客関係、業者関係）	c	新規事業に取り組む上での人材的・組織的なネック
d	新規事業に活かせる財務面・投資面でできること	d	新規事業に取り組む上でのコスト的なネック
e	新規事業に活かせる人材のポイント（担当できる責任者、専任できる人材、エース人材）	e	新規事業に取り組む上での営業エリアの限界・既存設備の無駄などのネック
f	新規事業に活かせる顧客資産、ネットワーク資産	f	新規事業に取り組む上での商品・サービスのポジショニングのネック（位置づけ:代理店かOEMか、営業委託など、誰かに首根っこを抑えられていること）
g	新規事業に活かせる生産面、開発面のポイント	g	新規事業に取り組むことで発生する不協和音

自社の強みを活かして、さらに伸ばしていく対策。また積極的に投資や人材配置して他社との競争で優位に立つ戦略

自社の弱みを克服して、事業機会やチャンスの波に乗るには何をどうすべきか

第1優先順位
- 積極的に新規事業に取り組む具体策
- ニッチ市場やニッチカテゴリーの新規を攻める具体策
- 後発でも優位に立つ具体策
- 多少資金を投入してでも成果を出すための仕掛け
- 今期、来期中に即実行すべき行動具体策

第3優先順位
- 新規事業も3年目には利益が出る可能性がある具体策
- 基本的に新規事業に取り組むことを前提に社内改革の実行具体策
- 2ヵ年で「新規事業」の条件を整備する行動計画

自社の強みを活かして、脅威をチャンスに変えるには何をどうすべきか。

自社の弱みが致命傷にならないようにするにはどうすべきか。又はこれ以上傷口を広げないために撤退縮小する対策は何か

第4優先順位
- 新規事業の「脅威」を「強み」でカバーする具体策
- 新規事業を行ううえで、自社の強みが差別化できなければ取り組まない

第2優先順位
- この分野には手を出さない
- 話が進んでいるなら、一番影響が少ない撤退方法を検討
- 3ヵ年で芽が出ないなら、最初から取り組まない

（　　　　　）だけで部分的に取り組む	検討の結果、この（　　　　　　　）はやらない

2 新規事業への進出を決める時のSWOT分析

　SWOT分析を使った「新規事業の可否判断」の結果、ゴーサインが出る場合のSWOT分析の図解です。

■新規事業参入　可否判断　SWOT分析【積極戦略】

		機会（O）
外部環境	1	その新規事業に参入すると、市場はどう活性化されるか
	2	新規参入分野で利益を出している同業者は、何が市場ニーズにあっているのか
	3	その新規事業では顧客は今後、どういう商品サービスにはメリットを感じて購入してくれると思うか
	4	その新規事業は、不況や経済危機消費不振の中でも、どうプラスに作用するか
	5	政府の経済対策・規制緩和・規制強化では、その新規事業は市場にどうプラス面があるか
	6	IT、AI、IOTの普及でその新規事業はどんなビジネスチャンスの可能性があるか
	7	その新規事業では、どういう新たな購買層、顧客層を生むと思われるか
	8	今後の技術革新で、その新規事業はどういうビジネスチャンスがあるか
	9	その新規事業は、技術革新・グローバル化でどういうコストダウンの可能性があるか
	10	その新規事業は、顧客や市場の勢力図をどう塗り替え、どういうゾーンがターゲットになりうるか
	11	全世界的な環境問題への取り組みでは、自社のマーケットにどういうプラスが考えられるか
	12	その新規事業は、現在の経営資源にどう相乗効果を発揮するか

まず、新規事業を挑戦する意思決定するためのSWOT分析で、「機会分析」「強み分析」から、「積極戦略」として「成功するための具体策」を出します。

また、2番目（174〜175ページ）は、その新規事業の経営資源が「強み」に変わるまで、3年計画で「改善戦略」として新規事業に取り組む場合の図解です。それぞれ「機会分析」時にチェックポイントや「強み」チェックポイント、「弱み」チェックポイントが記載されています。

内部要因
強み（S）
a 新規事業に活かせると自信のある点（ヒト、モノ、カネ、技術、情報、効率、社内環境等）
b 新規事業に活かせる顧客から評価されている事項、認められている点
c 新規事業に活かせる営業全般の強み（顧客関係、業者関係）
d 新規事業に活かせる財務面・投資面でできること
e 新規事業に活かせる人材のポイント（担当できる責任者、専任できる人材、エース人材）
f 新規事業に活かせる顧客資産、ネットワーク資産
g 新規事業に活かせる生産面、開発面のポイント
自社の強みを活かして、さらに伸ばしていく対策。 または積極的に投資や人材配置して他社との競合で優位に立つ戦略

第1優先順位
- 積極的に新規事業に取り組む具体策
- ニッチ市場やニッチカテゴリーの新規を攻める具体策
- 後発でも優位に立てる具体策
- 多少資金を投入してでも成果を出すための仕掛け
- 今期、来期中に即実行すべき行動具体策

■新規事業参入　可否判断　SWOT分析【改善戦略】

	機会（O）
外部環境	1 その新規事業に参入すると、市場はどう活性化されるか
	2 新規参入分野で利益を出している同業者は、何が市場ニーズにあっているのか
	3 その新規事業では顧客は今後、どういう商品サービスにはメリットを感じて購入してくれると思うか
	4 その新規事業は、不況や経済危機消費不振の中でも、どうプラスに作用するか
	5 政府の経済対策・規制緩和・規制強化では、その新規事業は市場にどうプラス面があるか
	6 IT、AI、IOTの普及でその新規事業はどんなビジネスチャンスの可能性があるか
	7 その新規事業では、どういう新たな購買層、顧客層を生むと思われるか
	8 今後の技術革新で、その新規事業はどういうビジネスチャンスがあるか
	9 その新規事業は、技術革新・グローバル化でどういうコストダウンの可能性があるか
	10 その新規事業は、顧客や市場の勢力図をどう塗り替え、どういうゾーンがターゲットになりうるか
	11 全世界的な環境問題への取り組みでは、自社のマーケットにどういうプラスが考えられるか
	12 その新規事業は、現在の経営資源にどう相乗効果を発揮するか

内部要因
弱み (W)
a 新規事業を行うことで、自社が悪くなること（ヒト、モノ、カネ、技術、情報、効率、社内環境等）
b 新規事業に取り組む上での財務的なネック（投資限界や初期投資額）
c 新規事業に取り組む上での人材的・組織的なネック
d 新規事業に取り組む上でのコスト的なネック
e 新規事業に取り組む上での営業エリアの限界・既存設備の無駄などのネック
f 新規事業に取り組む上での商品・サービスのポジショニングのネック（位置づけ：代理店か OEM か、営業委託などの、誰かに首根っこを抑えられていること）
g 新規事業に取り組むことで発生する不協和音
自社の強みを活かして、脅威をチャンスに変えるには何をどうすべきか
第3優先順位 ● 新規事業でも3年目には利益が出る可能性がある具体策 ● 基本的に新規事業に取り組むことを前提にした社内改革の実行具体策 ● 2か年で「新規事業」の条件を整備する行動計画

3 新規事業の撤退を決める時のSWOT分析

「脅威分析」と「弱み分析」の結果、「致命傷回避・撤退縮小戦略」が「積極戦略」での可能性を上回る場合は、断念または検討中止、進行中止の意思決定をしなければなりません。

図解すると下記のようになります。

■新規事業参入　可否判断　SWOT分析【致命傷回避・撤退縮小戦略】

		脅威（T）
外部環境	1	新分野では、同業者・競合者・大手の動きで脅威は何があるか
	2	新規事業の商品の役割、寿命、技術革新による代替品の成長、それに乗った他業界からの参入は何が脅威か
	3	その新規事業の商品は、低価格品、低利益品が出てくるか、またそれはどう市場を変え脅威になっていくか
	4	その新規事業をすることで、取引先である既存顧客のニーズはどうマイナスに作用するか
	5	その新規事業をすることで、主力取引先はどういうマイナス要因で衰退していくか
	6	その新規事業をすることで、仕入先・外注先には今後、どういう脅威があり得るか
	7	その新規事業ではコストアップ要素として何が考えられるか
	8	その新規事業を行うことでの労働環境・人材獲得はどういう点が脅威か
	9	その新規事業で、今後の政府の法制化、規制緩和や規制強化はどのような脅威があるか
	10	その新規事業でIT化・インターネット普及による脅威は何があるか
	11	その新規事業でグローバル化による脅威は何があるか
	12	その新規事業はどういう産業構造、消費構造、経済情勢の変化で衰退するか

なお、170〜171ページの図で「第4優先順位」が記載されていますが、考え方としてはあるものの、長期的戦略になることが多いことから、本稿では省略しました。

	内部要因
	弱み（W）
a	新規事業を行うことで、自社が悪くなること（ヒト、モノ、カネ、技術、情報、効率、社内環境等）
b	新規事業に取り組む上での財務的なネック（投資限界や初期投資額）
c	新規事業に取り組む上での人材的・組織的なネック
d	新規事業に取り組む上でのコスト的なネック
e	新規事業に取り組む上での営業エリアの限界・既存設備の無駄などのネック
f	新規事業に取り組む上での商品・サービスのポジショニングのネック（位置づけ：代理店やOEM、営業委託などの、商圏や販売先をおさえられていること）
g	新規事業に取り組むことで発生する不協和音
	自社の弱みが致命傷にならないようにするにはどうすべきか。またはこれ以上傷口を広げないために撤退縮小する対策は何か

第2優先順位

- この分野には手を出さない（断念）
- 話が進んでいるなら、一番影響が少ない撤退方法を検討する
- 3か年で芽も出ないなら、最初から取り組まない
- 進出するメリットよりも、ダメージのほうが大きいと予想される

4 新規事業SWOT分析からの「新規事業選択基準」

　SWOT分析を使った新規事業のコンサルティングの経験が積み上がると同時に、「成功確率を高める新規事業の選択基準」のようなものが浮かび上がってきます。経験則から導き出したノウハウなので、文字だけを見てもピンと来ない人もいるかと思いますが、「新規事業の選択基準」を18項目にまとめました。

【新規事業の選択基準のヒント】

	選択基準のポイント	あるべき方向性
1	すでに現業、本業の関連から「周辺ビジネス」「周辺サービス」であり、まったくの「ど素人」からの挑戦ではない	未知なる挑戦は基本的に失敗確率が高いので、本業関連分野から始めるほうが進めやすい
2	二番煎じの場合、既にどこかの大手が取り組んでいるモデルと比較して、付加価値やビジネスの方向に絶対優位性が確認できる	先行企業と明らかな違い（顧客から見た違いやメリットが大きいこと）が明確にできるまで検討する
3	まだニーズは顕在化していないが、消費者ニーズの流れや外部環境から大きなマーケットといえる	基本的に将来大きなマーケットになるなら、後に大手が参入しても、それまで先行者利益が多少でも取れる
4	大きなマーケットの可能性が高いが、競合激化した時に、絶対優位性のプランがある（価格競争やサービス合戦に巻き込まれない武器がある）	価格競争になった場合の付加価値や武器が明確に型決めされている。その武器を「顧客は評価している」とリサーチ済みである
5	原則ニッチ市場であり、大手の参入が難しい、手間のかかるビジネスである	大手が参入しない隙間市場は手間が掛かるので、効率化も一緒に検討する

	選択基準のポイント	あるべき方向性
6	既存のビジネスモデルではあるが、市場ニーズに合わなくなっている場合、形を変えるとニーズにはまり込む可能性が高い	現状のビジネスに対するアンチテーゼで商品開発やサービスを開発する。開発のポイントは「顧客の不便解消」「今より大幅コストダウン」「今より顧客サービスが高い」「今より早い」「今より正確」「今より手間がかからない」等
7	自社の「強み」が活かされるビジネスである	顧客にとっての「自社の強み」を固有名詞によって、具体的に表現し、整理する
8	フランチャイズビジネスや代理店ビジネスは、成功モデルを鵜呑みにせずに、しっかり調査と分析をして判断する	FCも代理店ビジネスも当初目論見通り行くことは少ない。先方任せにせず、自ら現地を実態調査してみる
9	「うまい話は原則怪しい」ことを念頭に、「うまい話」の裏取りをぬかりなく行う	「そんなうまい話が、自社に来るはずがない」と疑って裏を取ると、いろいろ見えてくる
10	「皆が賛同するビジネスモデル」「皆が儲かるビジネス」は、失敗確率が高い（誰でも気づくということは、すでに儲からないモデルになっている）	ニュービジネスモデルは、人より先に気づくから可能性があるので、みんなが気づいた後では価格競争しか待っていない
11	Webだけにこだわるビジネスモデルだけでなく、リアルでも販売ネットワークづくりが可能である	Webだけで成り立つビジネスも減少傾向にある。Webと何かをからめてのPRでないと加速度的には進まない
12	一発必中の狩猟型ビジネスではなく、継続的受注やフォローでの収益が可能なモデルである	高価格商品で粗利が高くても、「売り切りスタイル」は、長期継続ビジネスになりにくい
13	新規事業の分野は「経営理念」や「行動規範」からも整合性があるビジネスである	儲かるからと、多少いかがわしいビジネスは、いかに儲かろうとも手を出すべきでない
14	その新規事業を意思決定する前に、いろいろな仮説をふまえて、徹底的に顧客の生の意見を聞いている（アンケートだけでなく、中身のある直接ヒアリングを責任者が数十件以上実施する）	そのビジネスにおける「顧客の購買理由（バイイングポイント）」を徹底調査すれば、その後の販促アイデアや攻め方の戦略も見えてくる

	選択基準のポイント	あるべき方向性
15	法律や外部環境が変化すれば、即影響し、大幅な収益悪化やビジネスモデル自体が消滅するようなビジネスではない	法律による追い風ビジネスは一時的である。法律が変わっても続くかどうかを検証する
16	新規事業を顧客に説明する時、ビジネスモデルがシンプルでわかりやすい（複雑な説明が必要なものは広がらない）	新商品や新サービスは、複雑な説明が必要なものは原則売れない。わかりやすさを徹底追及する
17	新規事業の商材やサービスは、購入者やユーザーから「お金が取れる」ビジネスかよくリサーチして検証している	顧客は無料や低価格なら「良いサービス」「良い商品」と評価しても、ある金額以上なら「メリット」がなければ購入しない
18	新規事業がうまく行く理由が単なる思い込みでなく、論理的裏づけを検証している（「うまくいかない理由」「他社が参入しない理由」等、ネガティブな要素を検証している）	良い面だけの思い込みで参入しても失敗確率は高くなる。どのビジネスにも裏がある。その裏をよく検証してから参入する

経営承継前に
リストラ・撤退縮小戦略を練る

1　一番難しい「事業の撤退縮小」

　これまでのコンサルティング経験の中で一番難しかったのが、「事業の撤退縮小」「リストラ」です。実際に「事業の撤退縮小」「リストラ」をコンサルティングした時期は、バブル経済崩壊後の（貸出資金の）総量規制による不況が続いた1990年代後半〜2000年代初頭と、リーマンショック後の2009年〜2013年ぐらいです。

　ちょうど私（嶋田）や尾崎（共著者）が独立し、現在のコンサルタント会社を立ち上げたのも、総量規制による不況が深刻化した時期の1999年でした。この時期は複数の「リストラ型コンサルティング」を抱えており、かなり大変な時期でもありました。

　しかし、おかげでどの企業も倒産の憂き目に合わずに、再成長した企業が多いことも私たちの心の財産になっています。

　経営者にとってのシビアな経営判断の難しさは、Chapter 3「先代が事業撤退縮小・リストラを決断できない理由」でも述べました。

　事業の撤退縮小の検討をしなければ、本業や本体が危なくなる場合、決断しなくてはなりません。経営承継の際、負の遺産を持ったまま後継者にバトンを渡すのは忍びないと思っている先代社長も多いものです。できれば、**「承継前に膿を出す」**ことが必要です。

　実際にリストラの判断をして撤退縮小を進める場合には、下記のようなことに留意して粛々と実行しなければなりません。

- 根回し、準備次第ですべて決まる。**感情的な行動、変な優しさ、遅疑逡巡はほぼ失敗すると覚悟する**
- 撤退縮小戦略が必要だとわかっていても経営者や幹部は意思決定し

ない
- 事業の撤退縮小の検討過程で「揺り戻し」による「妥協案」が生まれる。これに流されると、効果が小さく不信感だけ残る「リストラ策」になる
- 中途半端な撤退縮小は、中期的に大きな負の遺産になると心得る
- 必ず抵抗勢力が出る

2 事業の撤退縮小を意思決定する判断基準

　SWOT分析により、どんな場合に撤退縮小の議論が必要かを整理します。大きく分けて7つの判断基準があります。各判断基準について、ポイントを解説していきます。

①中小企業の場合、撤退縮小は市場データ分析だけでは判断できない
- 大企業ではないので、統計データでは判断はできない
- データの傾向値は参考にしてもその傾向値を根拠には決められない
- 「論理的根拠」に加えて、自分たちの肌感覚で決めるべき

②競合ひしめき合う市場で、生き残るための「強み」はない
- ビジネスを続けられる理由は「勝てる」または「顧客が買う」理由があるからである
- 顧客が今後「その価格やサービスでは買わない」なら事業継続は難しい

③市場が長年下落傾向で自社努力だけでは可能性が見出せない
- 消費スタイルや取引慣行の変化で、マーケットが縮小している
- その市場の商品が輸入品や量産品に押され、ニッチ市場も見込みがない

④赤字部門が利益の出ている本業の足を引っ張り、共倒れの可能性がある
- 赤字部門を短期的に解消できる見込みがない

⑤社長自身が事業責任者になっても赤字が解消しない
- 経営者自ら営業本部長として権限を使ったいろいろな対策をしてもダメな場合は、誰がしても無理
- 社長がやるということは幕引き作業にもなる

⑥構造上売上を上げないと赤字がなくならないが、上がる見込みがない
- 「売上が上がれば利益は出るのに」という事業は、今後も利益は出にくい
- 売上が上がろうが上がるまいが、コストダウンができる状態でトントンになるならまだ見込みがある

⑦他社へ売却または譲渡できる事業部門の価値が残っている
- 全くダメになってしまうと売却価値もなく、二束三文になる
- 現在トントンまたは若干の赤字でも、事業としての顧客資産、商品資産があれば、早い段階で本体からの切り離しを行うことも戦略である

3 「撤退縮小戦略」を決める時のSWOT分析

「事業の縮小撤退」を決める際のSWOT分析の方法について説明します。
基本は「脅威」×「弱み」=「致命傷回避・撤退縮小戦略」になります。

■『事業の縮小撤退』『リストラ』を議論するSWOT分析【致命傷回避・撤退縮小戦略】

	脅威（T）
外部環境	自社のマーケットサイズ、ユーザー数、市場は今後（この3年で）どれくらい減少していくか
	市場縮小と競合激化により、今後（この3年）の価格競争はどのようになるか
	大手や先行企業は今後、自社のマーケットや顧客に対してどんな攻勢をかけてくるか
	大手や先行企業の攻勢で、自社の有力得意先は減少傾向になると予想がつくか
	その商品自体が市場からなくなる可能性はあるか
	顧客ニーズに合わせて、自社の今のビジネスの形態を大きく変えても、その市場自体あまり期待できないか
	今の自社の得意なマーケットに新たな競合者が出る可能性があるか、その競合者には打ち勝つすべはあるか
	予想される仕入価格や原価の増加を吸収できないような状況はどんなことか
	その他、この3年ぐらいでビジネスの継続が難しくなる環境変化は何か

Chapter 9の「新規事業を断念するSWOT分析」とは違い、こちらは、それが本業だったり、すでに経営資源を投入して事業を行っている分野が対象になります。

SWOTクロス分析で「事業の縮小撤退」を考える場合の「致命傷回避・撤退縮小戦略」の検討内容については下記のシートを参照してください。

内部要因
弱み（W）
今のビジネスを維持できる人材の不足はないか（高齢化で後進もいない）
今のビジネスを維持するための設備、機能、体制はあるか
今後確実に変化する顧客ニーズに対応できない人材面、組織面の大きな欠点は何か
今後確実に変化する顧客ニーズに対応できない技術面、生産面の大きな欠点は何か
今後確実に変化する顧客ニーズに対応できないノウハウ、スキル面の大きな欠点は何か
今後確実に変化する顧客ニーズに対応できない不動産や設備面の大きな欠点は何か
今後、競合他社と戦うとして、資金面の弱みは何か
自社の弱みが致命傷にならないようにするにはどうすべきか。またはこれ以上傷口を広げないために撤退縮小する対策は何か

第1優先順位

- 撤退または縮小する商品・サービスは何か。どのような撤退・縮小戦略をとるか。また撤退した場合、顧客にどんな代替案を出すか
- 撤退または縮小するエリア、地域、顧客層はどこか、どのような撤退・縮小戦略をとるか、また撤退した場合顧客にどんな代替案を出すか
- 大幅なコスト削減策、リストラ策は何か

4 「撤退縮小戦略」検討時に同時進行するデメリット分析

　大きな「撤退縮小戦略」が議論されたとしても、即意思決定できるわけではありません。

　「撤退縮小戦略」の検討段階では、おそらくメリット中心に議論され、その結果、「撤退縮小」の意見に集約されたはずです。しかし、実際には「撤退縮小戦略」を実施した場合のデメリットを事前に検討して対応策を決めておかないと、意外なほど「撤退縮小戦略」は前進しません。

　デメリットとは、リストラを意思決定してから実行するまでのダメージを計算に入れるということです。

　大きなポイントとしては、次のようなものがあります。

- どれくらいの売上ダウン、業績悪化になるか
- その結果、どれくらいの資金不足が予測されるか
- 資金不足を補う金融機関の理解を得られるか
- 撤退縮小の情報が漏れたり、伝わった場合、顧客はどんな行動に出るか
- 撤退縮小の情報が漏れたり、伝わった場合、仕入先や外注先はどう出るか
- 撤退縮小にともなう新たに発生する費用は、どれくらい見積もるか（相当な費用がかかる場合がある）
- 撤退縮小の情報が漏れたり、伝わった場合、組織の混乱や従業員の離反などのリスクとそれを最小限に抑える具体策は何か

SWOT分析検討会用 「動機づけ講義」

1 動機づけ講義があると議論は進む

　Chapter 11 では、SWOT 分析を指導したり、自社で議論する人のために、SWOT 分析検討時の「動機づけ講義」のレジュメを紹介します。
　下記に該当する場合は、SWOT 分析の指導や複数で検討する前に、しっかりした動機づけを行ってください。そうしないと、せっかくの SWOT 分析が中途半端に終わってしまいます。

- クライアントのために SWOT 分析を指導したいコンサルタントや中小企業診断士
- 関与先の経営改善計画や経営計画書のために活用したい会計事務所職員
- 中小企業の経営支援業務を行っている社労士などの士業
- 融資先の事業性評価のために活用したい金融機関
- 役員や幹部、社員とビジョンを作成したい中小企業の経営者や役員

　次項に紹介する「動機づけ講義レジュメ」はパワーポイントで作成したものです。

※読者限定ですが、ご希望の方はこのレジュメ（PDF）を無料でお届けします。メールで「読者です。SWOT 分析講義レジメ希望」と書いて、㈱アールイー経営にメール送信してください。数日以内に返信します。
　　　　メルアド consult@re-keiei.com

※このサービスは 2018 年 10 月 10 日までとさせていただきます。

2 動機づけ講義のポイント

　SWOT分析を議論する時の動機づけにおいては、いくつかのポイントがあります。

- SWOT分析の4つの窓（「機会」「脅威」「強み」「弱み」）の考え方などを具体的にしっかり解説する（ヒントも交えて）。
- SWOTクロス分析4つの戦略（「積極戦略」「致命傷回避・撤退縮小戦略」「改善戦略」「差別化戦略」）をわかりやすく説明する。
- 他社・他業界のSWOT分析実例の紹介と、その結果、どんな効果があったかを説明する（これは、㈱アールイー経営の実例を参考にしてください）。
- テキストは冊子にして配布し、テキストを見ながら説明する。ただし、プロジェクターやモニターで見せながらの講義も可。
- 他社実例は、A3用紙にプリントして説明する。
- 「機会」「強み」は、タラレバ質問をしながら、講義中に参加者に考えさせる。
- 一度の講義時間は60分を超えない程度にし、後はブレストに時間をとる。

3　講義用パワーポイントレジュメ例

合計34枚のPowerPointで作成されたレジュメです。
これを平均50分程度で講義します。

❶
　　　　これからSWOT分析を検討をされる方へ
　　　　～SWOT分析の理解と議論の進め方～

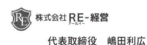　株式会社 RE-経営
　　　　　　　　　　　　　　　　アールイー

　　　　　　　　　　　　　　代表取締役　嶋田利広

❷
　　　　「SWOT分析動機づけ講義」担当
　　　　㈱アールイー経営　代表の嶋田利広です。

- 経営コンサルタント歴32年　350社の経営を支援
- SWOT分析指導実績160社超
- 九州（福岡・熊本・鹿児島）を中心に中小企業のコンサルティング展開
- 当社指導により「SWOT分析」スキルを学んだ認定支援機関の会計事務所は30超
- SWOT分析関連専門書、3冊出版。累計2.5万部を超え「中小企業のSWOT分析の第一人者」と呼ばれる

❸ **「SWOT分析検討」を始める前に、**

● SWOT分析は、今ある経営資源や今後の可能性をいろいろな角度から分析するので、「既成概念」「業界常識」をいったん捨てる

● SWOT分析は、原則「やれない」「できない」「無理だ」という前提で議論しない。「できるためにどうするか」で議論する。ポジティブ議論でないと、独自戦略は生まれない

❹ **そもそも「SWOT分析」って何？**

● SWOT分析とは、事業の選択と集中、差別化の独自戦略を決めるための経営判断行動

(1)	自社の内部要因である「強み」(Strength)の頭文字=「S」
(2)	自社の内部要因である「弱み」(Weakness)の頭文字=「W」
(3)	外部環境で今後の可能性やチャンスを示す「機会」(Opportunities)の頭文字=「O」
(4)	外部環境で今後のリスクや厳しい状況を示す「脅威」(Threat)の頭文字=「T」

各要素の頭文字から『SWOT分析』と言う

❺ **「SWOT分析」の概念を絵にすると**

❻ ## 「SWOT」をクロスさせて戦略を立てる

❼ ## SWOTクロス分析の結果を絵にすると

❽ ## SWOTクロス分析で何が分かるのか？

● 自社独自の戦略、今後生き残るためのビジョンが見えてくる

● 積極的にヒト・モノ・カネを配分する戦略、止める・減らす戦略が見えてくる

● いろいろ多岐にわたった経営戦略の取り組みの優先順位が見えてくる

❾
- ニッチ市場と自社の使えそうな経営資源（強み）が何か、イメージが湧くので、行動に移しやすい

- 自社のUSP（ユニーク・セリング・プロポジション：独自のウリ）が見えてくる

- 「根拠ある経営計画書」になるので、金融機関から認められる

❿
- 新商品開発を行う際、そのコンセプトを作る時、「機会」×「強み」が参考になる

- 重点顧客・重点チャネルを決める、戦略営業を掛ける時、その作戦づくりの元になる

- 新規事業へ参入する際の、進出すべきか、否かの可否判断の根拠となる

⓫ **SWOT分析各要素のポイント　　【機会】**

- SWOT分析の肝は「機会」と心得、時間もエネルギーも費やす

- 「機会」を深く追究できないと、SWOT分析は表面的になる

- 「機会」は、業界の一般的な方向性や市場の変化だけを指さない。むしろ、もっとニッチな方向性、異業種の参考、逆張りを見る

⑫
- 「機会」とは「小さな可能性」や「潜在的な可能性」「角度を変えたら、新しい可能性」の意味と理解する

- 「機会」で今すでに大きなニーズがあり、競合は激しい場合は、「機会」と見ない場合が多い

- 「機会」の概論の議論で詰まったら、講師が「タラレバ」のヒントを出すので、それをベースに議論

⑬

【機会】検討のポイント

1	今後どういうサービスを付加すれば、どういう顧客層が買ってくれるか(ニッチ市場と限定購買層)
2	どういうサービスや機能を大幅に減らし、価格を激減すれば、販売チャンスは広がるか
3	顧客(消費者)の「不便さの解消」「コスト削減要求」を、どういう商材とサービスを開発すれば、販売拡大が可能
4	「無料化」「フリー化」「スピード化」「簡単便利な嗜好性」のキーワードから、どういうサービスを実現すれば、販売拡大が可能か
5	政府の経済対策、規制緩和、規制強化には自社にマーケットにどうプラス面があるか
6	Webをどう活用すれば、どういう顧客開拓や顧客とのネットワークによるビジネスチャンスができるか
7	現在の市場だけでなく、域外、海外などのエリア拡大をすれば、どういうチャンスができるか(販売や調達)。日本製品と海外へ販売するにはどんな可能性があるか(海外製品を日本へも含む)
8	少子化、晩婚化、家族の価値観の変化に伴うビジネスチャンスは何か

⑭

【機会】検討のポイント

9	地域人口減少、都市集中化、高齢化、人口動態の変化によるビジネスチャンスは何が考えられるか
10	再生可能エネルギーの増加、Co2削減や温暖化による気候変動により、どういう分野でビジネスチャンスがあるか
11	世界経済の変化や今後の為替、地政学リスクで、自社のマーケットにどういうプラスが考えられるか
12	既存客から更にビジネスチャンスをつかむ、アフターサービスや顧客管理、メンテナンスはどういう分野でビジネスチャンスがあるか
13	AI、ロボット、IOTなどの技術革新から、今度どんなビジネスチャンスが生まれるか
14	特定顧客層のライフスタイルの変化、食生活の変化、買い物環境の変化により、どんなビジネスチャンスが生まれるか
15	医療費拡大、介護負担増大、年金財源などの構造上の問題で、新たに生まれるチャンスは何か

⑮ SWOT分析各要素のポイント　【脅威】

● 「脅威分析」は、「どこどこが、何々のために、どれくらい悪くなるか、厳しくなるか」と具体的に議論する

● 「脅威分析」は、「機会分析」の前に、短時間で議論するのがコツ（長々議論しなくても、みんながわかっているし、ネガティブ議論になりやすいから）

⑯ 【脅威】検討のポイント

1	同業者、競合者、大手の動きで脅威は何があるか
2	商品の役割寿命、技術革新による代替品の成長、それに乗った他業界からの参入は何が脅威か
3	低価格品、低利益品がどう市場を変え脅威になっていくか
4	取引先である既存顧客（消費者）のニーズはどうマイナスに作用するか
5	主力取引先は、どういうマイナス要因で衰退していくか
6	仕入先、外注先には今後、どういう脅威があり得るか
7	コストアップ要素として何が考えられるか
8	労働環境、人材獲得はどういう点が脅威か
9	政府の法制化、規制緩和や規制強化はどのような脅威があるか
10	IT化、インターネット普及による脅威は何があるか
11	グローバル化による脅威は何があるか
12	産業構造、消費構造、経済情勢の脅威は何か

⑰ SWOT分析各要素のポイント　【強み】

● 「良い点」と「強み」を混同しないこと

● 「強み」は「機会」に使えるかどうかで判断する

● 経営資源と思っている「社歴」や「こだわり」が、目指す「機会」の顧客との取引条件にならなければ、「強み」ではない

⑱
- 「強み」は、意外に小さな優位性であるケースが多い

- 「強み」は、ある特定分野が、ある特定の顧客から評価され、販売に影響しているもの（だから、横展開が可能なもの）

- 「強み」を極大化させることで、マーケットが拡がるもの

- 顧客にとって、購買理由にならない「強み」、差別化にならない「強み」は、「強み」に非ず。

⑲

【強み】検討のポイント

1	ターゲット業者と比較して、自社が勝っていると自信のある点(ヒト、モノ、カネ、技術、情報、効率、社内環境等)
2	今まで事業が継続発展してきた要素別の理由(ヒト、モノ、カネ、技術、情報、効率、社内環境等)
3	顧客から評価されている事項、認められている点、それは購買理由になっている点
4	営業面で、特定の顧客層、商品力で強みを発揮しているポイント
5	組織面・財務面で強みといえるポイント(販売拡大に使える経営資源)
6	経営者、幹部、社員などの人材面で強み、技能面、専門性購買理由につながるポイント
7	生産面、開発面、その他の部門において強みといえるポイント
8	すでに実践していることで業績(差別化)に直結している点
9	業者(仕入先、外注先、銀行等)から評価されている点(販売に直結している理由)
10	先駆的に実践している点

⑳

SWOT分析各要素のポイント　　【弱み】

- まず、「弱み」分析にあまり時間を割かないこと

- 「弱み」を深く追究すれば、「できない理由」を正当化させてしまう恐れがある

- 「弱み」の比較対象は、同業大手ではない。「狙いたい機会」にある見込客や顧客にとっての「ネック」になる箇所

㉑
- 「弱み」は、何に対して、どこに対して、「弱み」なのかを整理する
 （全面的に「弱み」になった場合、SWOT分析自体が空虚である）

- マーケット分析に関係ない「弱み」は、拾い上げない

㉒
【弱み】検討のポイント

1	ターゲット業者と比較して、自社が明らかに負けている点(ヒト、モノ、カネ、技術、情報、効率、社内環境等)
2	顧客ニーズに対応していない現象と要因
3	顧客開拓、企画力の弱み
4	業績悪化要因につながっている弱み
5	「機会・チャンス」をとらえられない商品力、開発力、サービス力での弱み
6	コスト力、価格力での弱み
7	人材基盤(社員の質、層、組織力)の弱み
8	設備力、資金力の弱み
9	顧客クレームで多い項目の要因
10	明らかに弱みと思われる社内事情(風土、気質、モチベーション等)

㉓
クロス分析各要素のポイント　　【積極戦略】

- 「機会」のどの分野やターゲット（顧客・商品等）に、「強み」のどの部分を掛け合わせた結果、どんな効果が期待されるかまで議論

- 固有名詞で戦略や具体策がイメージでき、どういう行動をとればよいか分かる表現にする

㉔
- 固有の「積極戦略」が自己都合の勝手な解釈をしない（機会を客観的にみているか）
- 総論、抽象論の「積極戦略」の場合は、掘り下げた表現になるよう再度議論する
- 逆に戦略というよりは、戦術の具体策みたいな単なる方法論にならないようにする
- たくさん出すことより、１つ２つの戦略を深く議論する

㉕ **クロス分析各要素のポイント【致命傷回避・撤退縮小戦略】**

- 顧客・エリア・チャネル・ルートの選別
  （利益の出ない顧客からの撤退）
- 商品の選別（デメリットの多い商品からの撤退）
- 可能性戦略への集中化
  （積極戦略に集中するために赤字事業からの撤退）
- 事業戦略の仕分けと絞り込み
  （選択と集中）

㉖ **クロス分析各要素のポイント【致命傷回避・撤退縮小戦略】**

- コスト見直し・経費大幅削減
- 内部から外注・アウトソーシング化
- 人員配置の見直し
- 社内業務の仕分け・職務範囲の見直し（コア業務への人事）
- 資金使途の制限（投資先の絞り込み）

㉗ **クロス分析各要素のポイント　【改善戦略】**

● 改善戦略は、「機会」である市場ニーズはあるのに、自社の「弱み」がネックになっているので、時間を掛けて「弱み」を克服する具体策

㉘ **クロス分析各要素のポイント　【改善戦略】**

● まずは自社内の具体的な「弱み」を改善するための対策を中期計画（1〜3年）の中で取り組んでいく

● 改善戦略に上がった具体策が、積極戦略と同等のスピードを求める場合もある

㉙ **クロス分析各要素のポイント　【差別化戦略】**

● 差別化戦略は、市場ニーズも規模も減少し、「脅威」と思われるが、自社の従来からの「強み」があり、「負け市場に対して強い経営資源を持っている」状態

㉚
クロス分析各要素のポイント　　【差別化戦略】

- 第1の選択：他社が手を引くまで我慢して事業を続け残存者利益を取る
    - ①マーケットがヤバい状況なら、同業者も撤退縮小をするかも知れない
    - ②我慢比べができる、他の収益ビジネスがあるなら、トコトンまで勝負する

- 第2の選択：提携やM&A（企業の吸収合併）を通じて、圧倒的なNO1戦略を取る
    - ①競争激化で同業社も本音では、「あなたが買ってくれるなら、売りたい」と思っている
    - ②同業者はこのビジネスから撤退しても、売却することで雇用も守れる

㉛
- 第3の選択：自社の「強み」があっても、撤退縮小戦略をとる
    - ①どんなに頑張っても収益可能性がないなら、早期に決断する
    - ②事業がまだ収益を生んでいる間は、高値で売れる
    - ③過去の強みに見切りをつけることも決断

㉜
SWOTクロス分析実施後の行動

- 複数のクロス分析の「戦略」が出たら、「優先順位」を決める
- 優先順位に基づいて、各戦略の「仮説（作戦）」を明確にする
- 仮説の検証のために、リサーチを実施
- リサーチ後、再度「クロス分析」を実施し、リアルな戦略を再立案する
- 検証された優先度の高い戦略を、中期計画（経営改善計画書）やアクションプランとして作成
- アクションプランにそって継続的なモニタリングを実施し、PDCAサイクルを回す

㉝ だいたいの概要はご理解いただけましたか？

業種別の実例があればそれを参考にして、議論の切り口、表現方法を学習しながら、進めましょう。

ＳＷＯＴクロス分析の結果は、答えは１つではありません。いろいろな答えが出ても結構です。

最終的には、取捨選択して絞っていきます。それが「集中と選択」です。

㉞ クロス分析で出た「各種の戦略や具体策」はこのままでは仮説に過ぎません。それが妥当かどうか検証したうえで、再度クロス分析をすることが必要です。

とにかく、今ある常識・既成概念をゼロベースで議論しましょう。

それでは具体的な検討に入りましょう。

Chapter 12

《事例解説》
後継者中心に
SWOT分析で
経営改善計画書を作成

1 経営計画書作成の手順と要点

1 経営改善計画書の背景

　ここで紹介する案件は、金融機関からの要請で「SWOT分析により経営改善計画書骨子」を作成したものです。

　○○は観光旅館（リゾート）で、経営状態は、常時「借りては返し」を繰り返し、なかなか業績の上がらないままの状態が続いていました。金融機関から「今度の融資については、しっかりした返済ができる具体的な戦略を考えた計画書を作成してください」と要請を受け、私たちコンサルタントが関与することになりました。

　具体的には、Chapter 4で解説した手順によって作成した「経営改善計画の骨子」を一般的な経営改善計画書のフォームに転記して、金融機関に提出するわけです。骨子とはいってもざっくりとしたものではありません。何をすれば売上・利益が上がるのか、どうすればキャッシュフローがプラスになるのか、具体的な戦略の「根拠と数値」を示さなければなりません。SWOT分析で議論し、いろいろな角度から可能性を導き出しました。

　一般的に観光旅館での再生計画では、外部環境が好転することは期待できません。どうにかして、自力で小口の企画を多発して、売上増につなげるかがポイントになります。

　そこで、社長以下幹部と4回の検討会（延検討時間12時間）、事務所での作業（延10時間）により作成しました。

　話は変わりますが、どの案件でも、検討時間と中身を合理的にかつ効率化するために、私たちには共通した進め方があります。次のようなものです。

- すべてヒアリングしながら、その場でノートパソコンを使い、フォームにそって Excel や Word に入力する
- 入力された事項を全員でプロジェクターを見ながら議論し、その場で修正する
- フレームやフォームはあらかじめ基本パターンを作成しておく
- 質問内容は事前に用意された「ヒアリングポイント」を使って聞き出す（本書に掲載している「機会ポイント」や「強みポイント」）
- ヒアリングでは断片的に聞くのではなく、「なぜそうなのか」を繰り返し、物事の真因や本質に行きつくまで質問を繰り返す

　私たちが重要視しているのは、カタチの整った経営改善計画ではありません。**モニタリングする時に、どういうチェックができるか、どんな行動内容まで落とし込めるかを重視します。**

　モニタリングとは、「数字目標の達成度がどうか」だけの予定や実績チェックではありません。**「アクションプランに書かれた具体策が行動計画通り進んでいるかどうか」**を見ています。

　したがって、行動内容の落とし込みがなければモニタリングができないし、行動もイメージができないはずです。

❷SWOT分析ではその業界を熟知しておく必要はない

　本案件の経営改善計画書作成支援をするまで、私たちのチームには「観光旅館コンサルティング」の経験者はいませんでした。ある意味、それがよかったのかもしれません。

　最初から予断を持たずに議論でき、この旅館の「隠れた経営資産」や「機会」を冷静に分析できました。

　業界専門コンサルタントが指導する場合の経営改善計画で問題なのは、最初から「答えありき」の内容になりがちなことです。その業界を知って

いる、たくさんの指導事例があるので、「あるべき業界の常識論」に左右される傾向があるのです。

その点、私たちは「観光旅館とはこうでなければならない」という固定観念がありませんでした。

- 経営陣が知っている業界知識
- どこに重点を置いて経営改善したいと思っているのか
- 過去から積み上げた詳細な経営資源は何か
- 異業種の経営改善ノウハウから参考になるものはないか

などを客観的に分析し、経営改善に反映することができました。

3 事業承継が予定されている場合は後継者中心に行う

さらに、**本案件では「後継者中心」に作成しました。**

社長、副社長という現経営者からは、業界の「機会」や過去に蓄積された「経営資産」を中心に聞き出しました。しかし、SWOTクロス分析での各種戦略や具体策、およその単価や数値計画については、後継者である専務中心に幹部の意見を重視しました。

その結果、**後継者がこの経営改善計画を「自分たちが作成した計画だ」という認識を持ったはずです。**そうしないと、モニタリング時に責任ある行動をしてもらえません。

2 破局のシナリオ

　最初に「破局のシナリオ」を作成します。ここでは、今の延長戦上で経営が推移した場合、3年後にはいくらぐらい赤字になるかを推計します。このまま具体的な対策を打たず放置すると、どこまで悪くなるかを数字で見てもらうためです。

　本事例では、役員報酬を下げても、赤字幅が拡大するシナリオになりました。その大きな要因は、売上は上がらないのに、食材や光熱費などのコストは下げられないことと人件費の上昇があるからです。人件費は、抑制策として高齢者従業員だけで対応していましたが、それがイメージダウンになっていることから、新たな人材を入れざるを得ないからです。

3 必要売上・必要粗利と「破局のシナリオ」との差額整理表

「破局のシナリオ」を作成したら、次に「金融機関が求める返済額はいくらか」「それに沿った経常利益はいくら必要か」を検討します。

これが次表の「差額整理表」です。これまでは本来計上すべき減価償却費も入っていない状況でしたが、3年後には予定通りに減価償却費を入れての必要売上・粗利を出します。

この会社では、「破局のシナリオ」の売上と必要売上の差額を6,330万円と算出しました。今期の赤字が2,290万円と予想されますが、金融機関への借入金の返済を考慮すると必要経常利益は約1,900万円。その差額は4,190万円です。つまり、粗利で約4,200万円増額が必要であることがわかります。実力を現実的な（努力はしたうえでの）粗利率で割れば、必要売上高が算出されるわけです。

※ 212～215ページに「現状努力の延長線上の中期収支予想」と「中期収支予想と必要売上・必要粗利との差額整理表」を掲載しています。

4　SWOTクロス分析

　前項で必要な差額売上はわかりました。ここから具体的な「SWOTクロス分析」に入っていきます。

　このSWOTクロス分析では、いかに「新たに6,300万円以上の売上をもたらす商材」を叩き出すかに注力します。ちなみに、「必要な差額売上」を100とした場合、「通常はその120％の商材を具体化せよ」といわれます。100％ちょうどの具体策では、どれかがこけたら、たちまち数字が合わなくなるからです。つまり、予備的なものも含めて20％増しぐらいでないと差額売上を達成できないということです。本ケースなら6,300万円×1.2＝7,560万円ということになります。

　そこで、本ケースでは「機会」「強み」に重点を置きました。早く確実に稼げるゾーンだからです。特に「機会」では、「タラレバヒント」から小さな可能性を出していきました。「強み」では、長年経営してきた実績から、相当数の顧客資源があるはずという前提で、いろいろ深掘りしていきました。

　クロス分析の「積極戦略」や「改善戦略」では、大きな戦略というより、戦術対策を多用しました。観光旅館のような装置産業は稼働率がモノをいいます。変な絞り込みで集客数が大幅にダウンすれば、経営改善どころではなくなります。そこで各戦略の横には、「新たな企画をした場合のおおよその単価と件数」を想定してもらい、概算の収入を決めました。

　これらのことが、経営改善計画の売上計画に反映されていきます。

■ 現状努力の延長線上の中期収支予想　　　　　　　　　　A 観光ホテル

科目	①部門	②商品または顧客	③28年度実績（千円）	④今期（29年度）予想（千円）	⑤来期（30年度）予想（千円）	⑥31年度の予測数値（千円）
売上	宿泊・宴会	代理店経由（団体）	84,000	101,600	99,000	97,000
		直（個人客）	7,500	8,700	10,000	10,300
		直（宿泊老人会・団体）	82,000	53,000	77,000	64,000
		ネット経由（個人客）	26,000	33,300	40,000	45,000
		地元宴会	39,000	42,000	33,000	30,000
		地元法事	6,700	8,000	7,000	7,000
		直前予約	1,500	1,600	2,500	2,500
		その他売上	5,000	8,500	4,000	2,000
		売上合計	251,700	256,700	272,500	257,800
原価		原材料・仕入	58,000	52,000	59,000	59,000
		売店仕入	8,000	7,400	7,400	7,400
		その他売上原価	12,300	20,000	21,000	16,000
		原価計	78,300	79,400	87,400	82,400
		粗利合計	173,400	177,300	185,100	175,400
		平均粗利率	68.9%	69.1%	67.9%	68.0%
販売費及び一般管理費		役員報酬（法定福利・福利厚生込）	12,200	8,900	7,600	7,600
		人件費（法定福利・福利厚生込）	76,800	80,000	83,000	85,000
		雑給	12,500	13,500	14,000	14,300
		支払手数料	15,300	16,000	17,000	17,491
		旅費交通費	1,600	1,600	1,600	1,600
		販促広告費	1,400	1,400	1,500	1,600
		客室消耗品費	11,000	11,000	11,300	11,500
		水道光熱費	21,000	23,000	25,000	25,000
		減価償却費	0	0	0	0
		通信交通費	1,700	1,700	1,700	1,700
		自動車費	5,200	5,200	5,200	5,200
		保守費	6,000	6,000	6,000	6,000
		誘客費	2,200	2,200	2,200	2,200
		雑費	4,400	4,400	4,400	4,400
		その他経費	21,000	21,500	21,500	21,500
		販売費及び一般管理費合計	192,300	196,400	202,000	205,091
		営業利益	－18,900	－19,100	－16,900	－29,691
収支外	営業外	営業外収益	8,700	8,700	8,700	8,700
		営業外支出	12,500	12,500	12,500	12,500
		経常利益	－22,700	－22,900	－20,700	－33,491

⑦適用（過去の増減率から⑤⑥の根拠となる平均ダウン率、横ばい、上昇率を記入）	⑧売上・原価・経費・利益率等に与えるマイナスインパクトの概算数値 (額、％、個数)			
			科目	内容
消費税UPにより全科目5％ダウン	売上・粗利関係	1	全体	消費税値上にて 5％ダウン
老人会は横ばい		2	全体	災害により3,000千円の販売ダウン
		3		
災害により3,000千円ダウン		4		
原材料10％アップ-3％売上ダウン	原価関係	1	原材料高騰	油・野菜等の値上　原材料10％アップ
		2	消費税値上	消費税値上によるコストアップ　3％アップ
		3		
	その他経費関係	1	水道光熱費	燃料高騰にて10％アップ
若手入れ替えのため3,000千円アップ		2	人件費	若手入れ替えのため毎年3,000千円アップ
		3		
		4		
光熱費10％アップ		5		

■ 中期収支予想と必要売上・必要粗利との差額整理表　　　　A 観光ホテル

科目	①部門	②商品または顧客	③昨年実績（千円）	④今期の予測数値（千円）
売上	宿泊・宴会	代理店経由（団体）	84,000	101,600
		直（個人客）	7,500	8,700
		直（宿泊老人会・団体）	82,000	53,000
		ネット経由（個人客）	26,000	33,300
		地元宴会	39,000	42,000
		地元法事	6,700	8,000
		直前予約	1,500	1,600
		その他売上	5,000	8,500
		売上合計	251,700	256,700
原価		原材料・仕入	58,000	52,000
		売店仕入	8,000	7,400
		その他売上原価	12,300	20,000
		原価計	78,300	79,400
		粗利合計	173,400	177,300
		平均粗利率	68.9%	69.1%
販売費及び一般管理費		役員報酬（法定福利・福利厚生込）	12,200	8,900
		人件費（法定福利・福利厚生込）	76,800	80,000
		雑給	12,500	13,500
		支払手数料	15,300	16,000
		旅費交通費	1,600	1,600
		販促広告費	1,400	1,400
		客室消耗品費	11,000	11,000
		水道光熱費	21,000	23,000
		減価償却費	0	0
		通信交通費	1,700	1,700
		自動車費	5,200	5,200
		保守費	6,000	6,000
		誘客費	2,200	2,200
		雑費	4,400	4,400
		その他経費	21,000	21,500
		販売費及び一般管理費合計	192,300	196,400
		営業利益	− 18,900	− 19,100
営業外収支		営業外収益	8,700	8,700
		営業外支出	12,500	12,500
		経常利益	− 22,700	− 22,900

⑥シミュレーション

科目（計算根拠）	3年後（　）年度 必要売上	売上差額
売上合計	320,000	− 63,300
原価計	96,000	
粗利合計	224,000	− 46,700
平均粗利率	70.0%	
役員報酬（法定福利・福利厚生込）	7,600	
人件費（法定福利・福利厚生込）	85,000	
雑給	14,300	
支払手数料	17,491	
旅費交通費	1,600	
販促広告費	1,600	
客室消耗品費	11,500	
水道光熱費	25,000	
減価償却費	0	
通信交通費	1,700	
自動車費	5,200	
保守費	6,000	
誘客費	2,200	
雑費	4,400	
その他経費	21,500	
修正計画を入れた販売管理費合計	205,091	
必要営業利益	18,909	
営業外支出		
営業外収益		
返済原資を考慮した必要経常利益	18,909	

■SWOTクロス分析　記入用シート

参加者		社長
		部長

	強み（S）…ターゲットと比 （ターゲットがない場合は一般的な発注者）
A	ファミリー客の対応の評価が高い（子供への扱いが上）
B	過去、多くの法事実績がある
C	老舗の大型旅館であり、地域での知名度は高い
D	老人会に強い営業がおり高齢者向けの企画で団体
E	遊覧船がある　○○川に面しており、遊覧船を含め
F	本格コースのグランドゴルフ場やリハビリできるゴル
G	旅館組合、△△市の観光関連のフットワークが軽く、
H	大都市より近く、仕事終わりの宴会＋宿泊が狙える
I	フルーツ狩り、エコツアー、伝統体験などの企画パ
J	楽天のメルマガ会員が1200件、宿泊名簿は毎年

		機会（O）	組み合わせ番号（例（2）-A）	【積極戦略】自社の強みを活かして、さらに伸ばしていく対策。または積極的に投資や人材配置して他社との競合で優位に立つ戦略
外部環境	市場・個客	1　大都市から100km圏内で、企業の会議と宴会を絡めた需要がまだまだ堅調。	2-EG	小規模の修学旅行、学生の勉強合宿をターゲットとし、①遊覧船、②支援金、③120名〜の全館貸切を謳い差別化を図る（修学旅行企画：エコ体験、伝統体験とのコラボレーション。勉強合宿は大都市から近いことをPR）
		2　大都市の塾が開催している勉強合宿のニーズが堅調		
		3　ネットを利用した個人宿泊客、ファミリー客、女子会の宿泊が増えつつある	1-H	大都市から近い事をメリットとして、秋の慰安旅行シーズンで、官公庁をターゲットとした、宴会＋宿泊、または、会議＋宴会＋宿泊を狙う（旅行会社経由でPRする）…会議パック（オプションバリエーションとキャッシュバック）
		4　今年JR九州全体のキャンペーンがあり、個人・団体に向けたこの地域の露出度が増える		
	競合	5　料理の質さえ高ければ、書き込みで優位になる。最近は料理の評価が上がりつつある	7-EF	●●バスとの提携で、韓国人、中国人の平日需要を取り込む。ゴルフパックとセットした企画を売る。（例　春節は中国人を取る）。指定日を決めて、その日は日本人客は入れないくらいの腹積もりで
		6　円安が影響して、韓国人、中国人の平日需要が増えている		
	その他	7　近隣の観光ホテルが韓国、中国人ツアーを受け入れていない。当ホテルが受け入れれば先鞭をつけられる	5-C	①宴会場の絨毯張り替え、大型宴会の取り込み ②時期を絞った2・3・7・11・12月地域新聞メディア等の露出・ダイレクトメールの活用 ③売値1万の料理を作り地元有権者の取り込み
		8　元気な高齢者が増加（グランドゴルフ人口が増える）		
		9　まだまだローカルの代理店は法人顧客を持っており、提案商材を探している	8-D	今期1回だったグランドゴルフ大会を来期より年2回にする。●●等のグランドゴルフが盛んなエリアと既存エリアの大会を作る。
		10　「自分ご褒美」や「家族へのプレミアム旅行」など、価格よりも内容重視の個人客が増えつつある		

		脅威（T）	左記の状態で、今のまま具体的な手を打たない場合、どれくらいマイナスになるか概算数値や％を書く	組み合わせ番号（例（2）-A）	【差別化戦略】自社の強みを活かして、脅威をチャンスに変えるには何をどうすべきか。
外部環境	市場・個客	①　地元の法事規模の縮小がしているうえ、法事を行う施設が増加して競合激化。昔のステイタスが通じない		①-B	過去の法事客やお悔み情報をもとに法事用のダイレクトメールをインパクトのある内容に変えてお盆前等に送る
		②　この地域の温泉地としての魅力が他の地域より少ない。行政も観光協会も力を入れていない			
		③　若い個人宿泊客やファミリー客には、夕食の豪華さより、施設の清潔さ、新しさと安い宿泊価格を求める傾向があり、顧客単価が下落			
		④　建物の老朽化による事故や接客サービスの劣化が発生すると途端に悪いイメージがネットで広がる。			
	競合	⑤　近隣の有名温泉地との価格競争が激化。宿泊者数横ばいでも売上ダウンが続く			
		⑥			

Chapter 12 《事例解説》後継者中心に SWOT 分析で経営改善計画書を作成

会社名（A 観光ホテル）

副社長	専務	支配人

内部要因		
較して ニーズをベースに）		弱み（W）…ターゲットと比較して （ターゲットがない場合は一般的な発注者ニーズをベースに）
手い。赤ちゃんの肌に刺激の少ない温泉）	a	代理店への団体需要の営業が手薄だった
	b	顧客満足度が低くリピート率が低い
	c	高年齢の社員が多く、対応の遅れ等でクレームになることが多々ある
集客の実績がある	d	建物が古く、危険な箇所があり、現在のニーズに合っていない
た景観がよい	e	大手代理店からの紹介が少ない（代理店からのレスポンスが悪い。クレームの処理が遅い・手薄）
フ場が近くにある	f	ネットに力を入れているが じゃらん・楽天のみで他の露出が少ない
大型団体の受け入れに融通が利く	g	
距離にある	h	
ックができる地の利がある	i	
5000 枚入手	j	

左記対策を実施した場合の概算数値（売上増減、利益改善、経費増減、件数増減、%増減等）	組み合わせ番号（例（2）-b）	【改善戦略】自社の弱みを克服して、事業機会やチャンスの波に乗るには何をどうすべきか	左記対策を実施した場合の概算数値（売上増減、利益改善、経費増減、件数増減、%増減等）
現状よりプラス 130名×3泊×8,000円 ＝約1000万円 31年度 1校＝300万円＋100万円／校（修学） 32年度 3校＝1000万円＋300万円／校（修学）	4・9・a	各旅行会社・お客様の満足度アップを狙いリピータを作る。 ①エージェント（クイックレスポンス・返信は当日中・担当者との報連相・集中営業・選択・昼食の受け） ②中小ローカル代理店営業をかけ、小規模団体の獲得を目指す。 ※中小は回った回数で結果が出やすいので、回数をこなす。	①（一般団体1団体25名×10,000円計算） 上記よりプラスα→2年目・3年目 JTB 年200万円→300万（600万） 私鉄 JR 50万→100万→150万（450万） ② 300万→300万→300万
現状よりプラス 20名×40社×12,000円 ＝約1000万円 30年度 15社（360万円） 31年度 30社（720万円） 32年度 40社（1000万円）	3 - f	インターネット販売は基本的に力を入れきれていない。 ①露出を増やす。ターゲットを絞った新規プラン。ゴルフプランお子様ランチの充実・イベント毎のプラン（父の日8800円で地酒付とか）ネット販売でコンサルタントが入っている他施設のマネ。 ②スマ宿・るるぶ・Yahooトラベル・たびらい等のまだ手を付けてないネット関連の着手。楽天フリー管理ソフト（ねっぱん）の導入	①既存のプラン＋250万円ゴルフプラン150万円ファミリープラン100万円／女子会100万円 上記年間数値 200万→400万→600万 ／各サイト毎年 100万 計400万円
30年度 5本 100万円 31年度 13本 400万円 32年度 30本 1000万円 （個人も含む）	10 - b	個人（料理原価のUP・社員の入替）1日3組で大満足を狙う。	②年間リピート122組×2名×10000円 ＝250万 50万→100万→250万
① 4000円×80名 0→64万→160万 ② 5000円×25名 100万→150万→250万 ③ 10000円×4名 20万→40万→96万 計120万→254万→500万			
9000円×90名＝81万 10000円×70名＝70万 計80万→150万→150万			

左記対策を実施した場合の概算数値（売上増減、利益改善、経費増減、件数増減、%増減等）	組み合わせ番号（例（2）-b）	【致命傷回避・撤退縮小戦略】自社の弱みが致命傷にならないようにするにはどうすべきか。またはこれ以上傷口を広げないために撤退縮小する対策は何か	左記対策を実施した場合の概算数値（売上増減、利益改善、経費増減、件数増減、%増減等）
5000円×30名×24回＝360万円	④・d	老朽化した施設の最低必要改装の実施（20部屋の壁紙、畳の改装で1部屋50万円＝1000万円）。Web関係の経費アップ	31年度 20部屋改装で1000円の宿泊単価アップ（現状＋20部屋の年間利用者5000人×1000円＝500万円の増収）

5　3か年基本方針

　SWOT クロス分析での各種戦略が検討され、重点対策が決まりました。
　前項の SWOT クロス分析シートだけでは、方針や重点戦略が箇条書きされておらず見にくいのも事実です。そこで、金融機関にわかりやすく説明するために整理したのが次の表です。
　本来なら「中期戦略体系図」を書いていますが、簡略してこのようにしました。SWOT クロス分析で立案した営業戦略以外にも、コスト削減や借入の方針なども財務目標に記載しています。

【3か年　経営基本方針】　　　　　　　　　　　　　　　　　　　　　A観光ホテル

	3ヵ年中期経営方針（実抜計画の目標値）
中期戦略目標	H32年度に年間売上3億円を目指す
	ネットでの口コミ評価4.5点（現在4.0）を目指し、ネット経由での売上増
	全社挙げての宿泊客満足度を上げ、設備よりも「サービスが良かった」と評価されるホテルを目指す
	既存利用者のリピーター（5年未満）強化
売上に関連する目標	大手・ローカル旅行代理店への営業再強化
	インバウンド強化による海外宿泊客の強化
	顧客リストの作成と顧客管理による売上増
財務改善目標	H37年までに借入額を2億円にする
	H32年度以降年間2000万円の減価償却費を計上し、経常利益1000万円以上を目指す
	役員報酬の減額（H28年度比500万円）
	有価証券（△△会社　1000万円）の売却
その他	

6 SWOT クロス分析を反映した中期収支表

　前項の基本方針に沿って、SWOT クロス分析で立案した各種の営業対策を入れた「中期収支計画表」です。この表のポイントは、左側の数値目標と右側の具体策がリンクしていることです。

　「右側の対策○○をするから、左の売上の◇◇が 10％上がっている」とわかるようにしています。さらに「左側の売上科目」も、新戦略や新商材を入れた科目を追加し、既存商材では増えないが、新商材で稼ぐ構図がわかります。右側の新商材は、SWOT クロス分析で立案したものをそのまま転記しています。

7　3か年ロードマップ

　中期収支計画表が出たことで、数値目標や具体策に関するコミットメント（公約）ができました。これらの戦略や具体策を実行してもらう計画となります。3か年計画における行動計画を、私たちは「ロードマップ（工程表）」と呼んでいます。

　これには、3年間のある程度の行動で結果を出す項目と、年度ごとの重点行動がわかるように表現します。

　次表に「ロードマップ」があります。このロードマップの一番左の項目は、SWOTクロス分析から、中期収支計画表で記載された各種の「戦略・戦術」を転記しています。その右の「左記戦略・対策の成果を出すために必要な具体的な準備とアクション」では、より噛み砕いた作戦名を書いています。

　戦略・戦術だけでは組織は行動できません。その戦略・戦術を実現するために必要な行動・作業がこの欄に書かれます。

　さらに、右側の行動計画の欄には、年度ごとの四半期単位で必要な、中央の「作戦」に沿った工程表を記載します。3か年なので、月単位ではなく、四半期単位にしていますが、半期単位でもよいでしょう。

■クロス分析の【戦略】【具体策】を反映した中期収支計画表

科目	①部門	②商品または顧客	③作年度実績（千円）	④今期（29年度）予想（千円）	30年度	31年度	32年度
売上	（既存宿泊宴会）部門	代理店経由（団体）	84,000	101,600	99,000	97,000	97,000
		直（個人客）	7,500	8,700	10,000	10,300	10,300
		直（宿泊老人会・団体）	82,000	53,000	77,000	64,000	64,000
		ネット経由（個人客）	26,000	33,300	40,000	45,000	45,000
		地元宴会	39,000	42,000	33,000	30,000	30,000
		地元法事	6,700	8,000	7,000	7,000	7,000
		直前予約	1,500	1,600	2,500	2,500	2,500
		その他売上	5,000	8,500	4,000	2,000	2,000
		既存売上合計	251,700	256,700	272,500	257,800	257,800
	新企画商品等の新戦略売上	教育旅行	0	0	0	4,000	13,000
		会議旅行			360	720	10,000
		○○バス提携によるインバウンド			1,000	4,000	10,000
		大型宴会取り込み			1,200	2,500	5,000
		ネット露出強化			6,000	8,000	10,000
		DMによる法事受注			1,200	2,400	3,600
		代理店フォロー、ローカル代理店強化			4,500	6,000	7,500
		1日3組大満足企画			500	1,000	2,500
		グランドゴルフ大会3回			800	1,500	1,500
		新規売上合計	0	0	15,560	30,120	63,100
		総売上合計	251,700	256,700	288,060	287,920	320,900
原価		原材料・仕入	58,000	52,000	59,000	59,000	65,000
		売店仕入	8,000	7,400	7,400	7,400	7,400
		その他売上原価	12,300	20,000	21,000	16,000	15,000
		原価計	78,300	79,400	87,400	82,400	87,400
		粗利合計	173,400	177,300	200,660	205,520	233,500
		平均粗利率	68.9%	69.1%	69.7%	71.4%	72.8%
販売費及び一般管理費		役員報酬（法定福利・福利厚生込）	12,200	8,900	7,600	7,600	7,600
		人件費（法定福利・福利厚生込）	76,800	80,000	83,000	85,000	85,000
		雑給	12,500	13,500	14,000	14,300	14,300
		支払手数料	15,300	16,000	17,000	17,500	17,500
		旅費交通費	1,600	1,600	1,600	1,600	1,600
		販促広告費	1,400	1,400	1,500	1,600	1,700
		客室消耗品費	11,000	11,000	11,300	11,500	11,700
		水道光熱費	21,000	23,000	25,000	25,000	25,000
		減価償却費	0	0	0	0	20,000
		通信交通費	1,700	1,700	1,700	1,700	1,700
		自動車費	5,200	5,200	5,200	5,200	5,200
		保守費	6,000	6,000	6,000	6,000	6,000
		誘客費	2,200	2,200	2,200	2,200	2,200
		雑費	4,400	4,400	4,400	4,400	4,400
		その他経費	21,000	21,500	21,500	21,500	21,500
		Web経費			500	500	500
		修繕費（新規改修費用）					
		販売費及び一般管理費合計	192,300	196,400	202,500	205,600	225,900
		営業利益	−18,900	−19,100	−1,840	−80	7,600
外営業		営業外収益	8,700	8,700	8,700	8,700	8,700
		営業外支出	12,500	12,500	12,500	12,500	12,500
		経常利益	−22,700	−22,900	−5,640	−3,880	3,800

Chapter 12 《事例解説》後継者中心に SWOT 分析で経営改善計画書を作成

戦略での概算数値（売上・原価・経費）整理			
⑨クロス分析の戦略と具体策から捻出される売上概況・内容（新商材・新規チャネル等の売上増や既存商材の売上減等）			新たに増減する売上高
1	教育旅行	小規模の修学旅行、学生の勉強合宿をターゲットとし、①遊覧船②支援金③120 名～の全館貸切を謳い差別化を図る（修学旅行企画：エコ体験、植林、木工、下駄づくり体験とのコラボレーション。勉強合宿は○○と近いことを PR）	現状よりプラス 130 名 × 3 校 × 3 泊 × 8,000 円 = 約 1000 万円 31 年度　1 校 = 300 万円 + 100 万円 / 校（修学） 3 校　3 校 = 1000 万円 + 300 万円 / 校（修学）
2	会議旅行	大都市から近いことをメリットとして、秋の慰安旅行シーズンで、官公庁をターゲットとした、宴会＋宿泊、または、会議＋宴会＋宿泊を狙う（旅行会社経由で PR する）…会議パック（オプションバリエーションとキャッシュバック）	現状よりプラス 20 名 × 40 社 × 12,000 円 = 約 1000 万円 30 年度　15 社　（360 万円） 31 年度　30 社　（720 万円） 32 年度　40 社　（1000 万円）
3	○○バス提携のインバウンド	○○バスとの提携で、韓国人、中国人の平日需要を取り込む。ゴルフパックとセットした企画を売る。（例　春節は中国人を取る）。指定日を決めて、その日は日本人客は入れないくらいの腹積もりで	30 年度　5 本　100 万 31 年度　13 本　400 万 32 年度　30 本　1000 万円 （個人もあむ）
4	大型宴会取り込み	①宴会場の絨毯張り替え、大型宴会の取り込み ②時期を絞った 2・3・7・11・12 月地域新聞メディア等の露出・ダイレクトメールの活用 ③売価 1 万の料理を作り地元権力者の取り込み	①4000 円×80 名　0→64 万→160 万 ②5000 円×25 名　100 万→150 万→250 万 ③10000 円×4 名　20 万→40 万→96 万 計 120 万→254 万→500 万
5	ネット露出強化	インターネット販売は基本的に力が入っていない ①露出を増やす。ターゲットを絞った新規プラン。ゴルフプランお子様ランチの充実・イベント毎のプラン（父の日 8800 円で地酒付とか）ネット販売でコンサルタントが入っている他の施設のマネ。 ②スマ宿・るるぶ・Yahoo トラベル・たびらい等のまだ手を付けてないネット関連の着手。楽天フリー管理ソフト（ねっぱん）の導入	①既存のプラン +250 万円ゴルフプラン 150 万円ファミリープラン 100 万円 / 女子会 100 万円 上記年間数値 200 万→400 万→600 万 ②各サイト毎年 100 万　計 400 万円
6	DM による法事受注	過去の法事客やお悔み情報をもとに法事用のダイレクトメールをインパクトのある内容に変えてお盆前等に送る	5000 円 × 30 名 × 24 回 = 360 万円
7	代理店フォロー、ローカル代理店強化	各旅行会社・お客様の満足度アップを狙いリピーターを作る。 ①エージェント（クイックレスポンス・返信は当日中・担当者との報連相・集中営業・選択・昼食の受け） ②中小ローカル代理店営業をかけ、小規模団体の獲得を目指す。 ※中小は回った回数で結果が出やすいので、回数をこなす。	①（一般団体 1 団体 25 名 × 10,000 円計算） 上記よりプラス α = 2 年目→3 年目 大手同行代理店名 100 万→200 万→300 万（600 万） 私鉄、JR 　50 万→100 万→150 万（450 万） ②300 万→500 万→700 万
8	グランドゴルフ大会 3 回	今期 1 回だったグランドゴルフ大会を来期より年 2 回にする。 □□等のグランドゴルフが盛んなエリアと既存エリアの大会を作る。	9000 円 × 90 名 = 81 万 10000 円 × 70 名 = 70 万 計 80 万→150 万→150 万
9	1 日 3 組大満足企画	②個人（料理原価の UP・社員の入替）1 日 3 組で大満足を狙う。	②年間リピート 122 組 × 2 名 × 10000 円 = 250 万 50 万→100 万→250 万
⑩クロス分析の戦略と具体策に該当する仕入または粗利に関する概況・内容（新商材・新規チャネル等で発生する原価や仕入、既存商材の売上ダウンに伴う仕入減、または粗利率の変動も含む）			新たに増減する原価・仕入
1	料理原価	良い材料仕入れで高品質の料理を提供する	料理原価の 3％アップ（H29 年比　毎年 168 万円増）
⑪クロス分析の戦略と具体策に該当する経費支出・削減の科目と額に関する科目と概況と内容（新対策で新たに発生する経費も含む）			新たに増減する経費
1	役員報酬	役員報酬 10 万円のカット	年間 120 万円（H30 年から）
2	減価償却費（改装）	老朽化した施設の最低必要改装の実施（20 部屋の壁紙、畳の改装で 1 部屋 50 万円 = 1000 万円）	30 年度　100 万円（2 部屋分）31 年度 900 万円（残り 18 部屋）
3	Web 関係	新しい露出強化やホームページへの情報力アップや更新の経費	年間 50 万円
4	人件費	従業員の若返りで新しい人と入替。若干高めの給与で新しい人に教育し直す（本採用 8 名）。厨房の高齢者の入替	31 年度 100 万 32 年度 200 万
5	支払手数料	大手代理店、ローカル代理店等に積極的に PR してもらうためにマージンを増やす	30 年度 75 万　31 年度 150 万　32 年度　150 万
6	客室消耗品	増客に伴う費用増加と高品質なものに入れ替え	30 年度 30 万　31 年度 50 万　32 年度 70 万円
7	販促広告費	代理店、グランドゴルフ大会増加、パンフレット類	30 年度 10 万　31 年度 20 万　32 年度 30 万円
8			

■中期行動計画（ロードマップ）シート

		3ヵ年中期方針及び実施戦略 （3ヵ年で構築する「商材」「顧客」「コスト」「組織改革」）		左記戦略・対策の成果を出すために、 必要な具体的な準備とアクション（優先度の高い行動から） …具体的な準備行動や段取りを書く
新商品開発・既存商品強化の方針と戦略	1	小規模の修学旅行、学生の勉強合宿をターゲットとし、①遊覧船、②支援金、③120名〜の全館貸切を謳い差別化を図る（修学旅行企画：エコ体験、伝統体験とのコラボレーション。勉強合宿は大都市に近いことをPR）	①	●修学旅行用低価格パックを作成し、九州仕入へアプローチ後 四国、中国、鹿児島、沖縄へのAgへPRする（遊覧船を差別化に） ●修学旅行では金額が他ホテルと同じなら、先生が喜ぶ料理の提供
			②	●全館貸切の勉強合宿ができる体制、教室を5〜6つくり、AgへPRする（子供が喜ぶ食事、遊覧船、風光明媚な散策等）
	2	大都市から近いことをメリットにして秋の慰安旅行シーズンに官公庁をターゲット宴会＋宿泊。また会議＋宴会＋宿泊を狙う（旅行会社経由でPRする）…会議パック（オプションバリエーションとキャッシュバック）	①	●Ag手数料の多い会議パックを企画する（ユーザーメリットや設備等）
			②	●Agやユーザー向けの会議パックのPR用ツールの作成
	3	各旅行会社・お客様の満足度アップを狙いリピータを作る。 ①クイックレスポンス・返信は当日中・担当者との報連相・集中営業・昼食の受け） ②中小ローカルAg営業をかけ、小規模団体の獲得を目指す。	①	●社員の意識改革（レスポンスの強化・若手の入れ替え） ●団体予約を断る際は必ず営業職・管理職から連絡する。（誠に残念ながら・・をアピール。）
			②	●評価指標として、ネット点数楽天 4,1 → 4,4　じゃらん 3,9 → 4,3 ●また、館内用点数表も作成し、楽天・じゃらん・館内用と3つの評価表。
	4	○○バスとの提携で、韓国人・中国人・シンガポール・タイの平日需要を。ゴルフパック・遊覧船等とセットにした企画を売る。	①	●プラン作成・営業開始・○○バス営業
			②	●受け入れ態勢の確認・一部のフロアーにWi-Fiの導入
	5	じゃらん、楽天の露出を増やす。ターゲットを絞った新規プラン。ゴルフプラン お子様ランチの充実・イベント毎のプラン ネット販売でコンサルタントが入っている施設のマネ。	①	●プラン開発・作成 ●露出等はポイント10等の有料は毎月行い済み。ブログ等でさらにUP
			②	●プラン更新（料理内容・ターゲットの小分けプラン）
	6	スマ宿・るるぶ・Yahooトラベル・たびらい等のまだ手を付けてないネット関連の着手。楽天フリー管理ソフト（ねっぱんの導入）	①	●ねっぱんの導入・移行
			②	●インバウンド系のネット進出・充実 ●エクスペディア・トップアドバイザー・Agoda
	7	①宴会場の絨毯張り替え、大型宴会の取り込み ②時期を絞った2・3・7・11・12月地域新聞メディア等の露出・ダイレクトメールの活用 ③売値1万の料理を作り地元権力者の取り込み	①	●老朽化した施設の最低必要改装の実施
			②	●高値料理の開発・販売
	8	①今期1回だったグランドゴルフ大会を来期より年2回にする。 ②グランドゴルフが盛んなエリアと既存エリアの大会を作る。	①	●前年より1回○○ホテル主催のグランドゴルフを増やす
			②	●◇◇市への営業、◇◇からのお客様はすでに数団体あるので、そこからの紹介セール
	9	宿泊者名簿の顧客リスト作成と活用	①	●宿泊者名簿の作成（夏休み期間に大学生アルバイトを雇い過去の打ち出し）
			②	●宿泊者の団体幹事・リピート率の高そうなお客様への感謝状を送る
	10	リピーターを増やすためのアンケートの内容の修正と活用	①	●アンケートの点数化
			②	●各担当者の名前記載・責任の明確化
	11	顧客満足に直結するサービスの開発と従業員教育（Agへのクイックレスポンス、昼食受け、選択、1日3組の大満足作戦）	①	●毎月1回のリーダー会議（意思疎通）
			②	●顧客・Agへのクイックレスポンス徹底
	12	山陰、四国、関西への新規開拓（遠方バス会社へのアプローチ）・フロントの活用	①	●山陰地方の高速開通による、九州送客への依頼。企画（行程）提案
			②	●計画的な定期訪問　遠方でも3か月に1回は訪問

実施期限 (年月)		2018年度 (H30年)				2019年度 (H31年)				2020年度 (H32年)			
		6月-8月	9月-11月	12月-2月	3月-5月	6月-8月	9月-11月	12月-2月	3月-5月	6月-8月	9月-11月	12月-2月	3月-5月
H25年7月まで	修学旅行の企画書作成 九州仕入から情報収集(～6月)		その後、見積だけでももらう						修学旅行1校実施		修学旅行2校実施		修学旅行1校実施
	勉強合宿用の企画パンフの作成(～8月)		AgへPR開始(9月～)			勉強合宿1本実施			勉強合宿1本実施	勉強合宿2本実施			勉強合宿1本実施
	会議パック企画書作成(～6月)												
	AgへPR開始(8月～)												
	顧客満足度を意識させる 数値の明確化				4名新卒入社、教育								
	館内用口コミ表の作成					点数収集後評価制度を作成							
	本年9月を狙いプラン作成投げ込み		9月実施	雛祭りシーズン実施		貸切の受け入れ							
	外国語スタッフを探す		Wi-Fiの導入										
	プラン開発 作成												
	ねっぱんへの移行・勉強会												
	宴会場絨毯張り替え				インバウンド系開始								
	研究		試み		定着								
12月(案)				大会実施									
3月予定	営業開始				大会実施								
8月	過去のデータを打ち出し												
毎月	アンケート作成、実施												
	名札の作成												
毎月1回 常に													
	企画の作成												
	計画作成・実行												

8 アクションプラン（モニタリングシート）

　最後は、当該年度の行動計画です。一般的には「アクションプラン」と呼ばれるもので、月次のモニタリングができるようなフォームになっています。

　ロードマップから直近単年度はかなり詳細に書かなければなりません。特に「〇月にどうする」という記述が、右の予定に書かれるようにします。

　モニタリングは、当初立てた行動計画通りに進まないケースもあるので、随時修正していきます。

　経営改善計画が実行されるかどうかは、このアクションプラン通りの行動をしているかどうかで決まります。そこで、具体的な行動内容、担当者、期限、何月に何をどこまで行うという表記を意識して作成します。

　一連の戦略や具体策は、「SWOT クロス分析」の結果で出たものが、最後のアクションプランまで決定づけるということです。

　この経営改善計画書は、従来の一般的な「経営改善計画書」のフォームとは異なります。

　SWOT 分析を使った経営改善計画書は、戦略と収支、アクションプラン中心の計画書です。実際に金融機関が稟議を上げて融資決裁したり、認定支援機関が助成金手続きをするには、別途に公式なフォーム（資金計画や返済予定も含めた「計数計画」等）への記載が必要になります。

　本案件では、この経営改善計画書のデータを金融機関の担当者や認定支援機関へ送り、後は任せることにしました。

　今度は経営改善計画書を受けて、バンクミーティングや助成金のための申請などが、認定支援機関を中心になされるということです。

COLUMN ❺　SWOT分析で結果を出すコーディネーターは何が違うのか

　SWOT分析を指導するコーディネーターの力量によって、SWOT分析の効果は大きく違ってきます。

　「実績数、経験数の違い」「知識の違い」は確かにありますが、もっとも大きな要素は、コーチング・ファシリテーション技術があるかどうかです。

初めてSWOT分析をしたコンサルタントが、最大の大賛辞をもらった

　彼をAさんとしましょう。このコンサルタントは、私のSWOT分析の本を1回読んだだけでした。SWOT分析の細かい進め方や、事例を十分に知りません。

　ところが、経営者や役員幹部8人と「SWOT分析一日会議」を担当したのです。しかもこのクライアントは新規であり、会社の実情もあまり知りませんでした。

　彼は、「嶋田先生のマニュアルのようにはほとんど進まなかった」「途中から議論が交錯してまとまりがつかず、着地点が見えませんでした」「最後に1つだけ、『積極戦略』の具体策を細かくまとめ上げただけでした」といいます。

　しかし、クライアントからは「SWOT分析をしてよかった」「自社の方向性が見えてきた」「役員幹部が重点戦略を意識するようになった」と大賛辞をもらったのです。

SWOT分析知識より優先する「コーチング・ファシリテーション技術」

　AさんはSWOT分析の知識はそんなにありませんでしたが、コーチングとファシリテーションはかなり経験していました。

　彼は「クライアントの納得度を高める技法」を知っていたのです。だからSWOT分析検討会もうまく行った。特にファシリテーション技術（合意形成を高める議論の推進役）は、SWOT分析検討会ではSWOTの知識よりも優先する必須の技術です。

■単年度 行動詳細スケジュール（アクションプラン）

		戦略・対策の成果を出すために、必要な具体的な準備とアクション（優先度の高い行動から）…具体的な準備行動や段取りを書く	主責任者	実施期限（年月）
新商品開発・既存商品強化の具体的な実施策	1	●修学旅行用低価格パックを作成し、九州仕入へアプローチ後四国、中国、鹿児島、沖縄へのAgへPRする（遊覧船を差別化に） ●修学旅行では金額が他ホテルと同じなら、先生が喜ぶ料理の提供	専務	
	2	●全館貸切の勉強合宿ができる体制、教室を5～6つくり、AgへPRする（子供が喜ぶ食事、屋形船、散策、福岡近辺等）		
	3	●Ag手数料の多い会議パックを企画する（ユーザーメリットや設備等） ●Agやユーザー向けの会議パックのPR用ツールの作成		
新規開拓、新チャネル・エリア開拓・既存顧客強化の具体的な実施策	1	●プラン作成・営業開始・○○バス営業 ●受け入れ態勢の確認・一部のフロアにWi-Fiの導入	社長	
	2	●プラン開発・作成 ●露出等はポイント10等の有料は毎月行い済み。ブログ等でさらにUP ●プラン開発・作成	専務	
	3	●インバウンド系のネット進出・充実 ●エクスペディア・トップアドバイザー・Agoda	専務	
	4	●高値料理の開発・販売	副社長	
	5	●山陰、四国、関西への新規開拓（遠方バス会社へのアプローチ）	課長	
	6	●当館主催のグランドゴルフを前年より1回増やす ●◇◇市への営業、○○からのお客様はすでに数団体あるので、そこからの紹介セール	支配人	打ち納めを狙う
コスト改革（原価・固定費他）・品質向上の具体的な実施策	1	●社員の意識改革（レスポンスの強化・若手の入れ替え ●団体予約を断る際は必ず営業職・管理職から連絡する ●評価指標として、ネット点数楽天4.1→4.4 じゃらん3.9→4.3 ●また、館内用点数表も作成し、楽天・じゃらん・館内用と3の評価表で図る	部長	
	2	●宿泊者名簿の作成（夏休み期間に大学生アルバイトを雇う） ●宿泊者の団体幹事・リピート率の高そうなお客様への感謝状を送る	社長	半年に一度のDM
組織改革・管理体制強化の具体的な実施策	1	●従業員教育（接客に型決め、ロープレ）	専務 支配人	
	2			

Chapter 12 《事例解説》後継者中心に SWOT 分析で経営改善計画書を作成

	20●●年度											
計画	第1四半期			第2四半期			第3四半期			第4四半期		
チェック	6月	7月	8月	9月	10月	11月	12月	1月	2月	3月	4月	5月
計画	①Ag回りにて情報収集 ②企画作成・投げ込み			①次年度の見込んだ見積もり3本提出			年末年始の挨拶			①Ag回りにて情報収集 ②企画作成・投げ込み		
チェック												
計画	①Ag回りにて情報収集 ②企画作成・投げ込み			①春休みを見込んだ見積もり3本提出 ②定期訪問			定期訪問			①Ag回りにて情報収集 ②企画作成・投げ込み		
チェック												
計画	年末に向けての見積もり提出			年末年始の宴会パック5本受注			お礼回り Ag再挨拶			お礼回り Ag再アプローチ		
チェック												
計画	①Ag回りにて情報収集 ②企画作成・投げ込み ③WiFiの設置			2月3月を狙った営業			受け入れ実施			①Ag回りにて情報収集 ②企画作成・投げ込み		
チェック												
計画	毎日ブログ更新 毎週イベント情報更新 ターゲットを絞ったプラン作成　プラス5プラン			ターゲットを絞ったプランの更新・リメイク			プラン更新 半年の数字調査			プラン更新		
チェック												
計画	サイトの契約・更新 ねっぱんの活用・勉強						稼働率を狙ったプラン更新					
チェック												
計画	料理研究・開発 地元有力者へアプローチ			料理研究・開発 地元有力者へアプローチ			料理研究・開発 地元有力者へアプローチ			料理研究・開発 地元有力者へアプローチ		
チェック												
計画	プラン作成・市場調査 3ヵ月に1回の訪問						受け入れ期間					
チェック												
計画	投げ込み開始						受け入れ					
チェック												
計画	①レスポンの意思統一 ②点数表の作成 ③口コミアップの作戦会議			①口コミ等の社員評価 ②口コミアップの作戦会議			①口コミ等の社員評価 ②口コミアップの作戦会議			①口コミ等の社員評価 ②口コミアップの作戦会議		
チェック												
計画	学生アルバイト募集 名簿作成			顧客名簿の管理・DM発送						顧客名簿の管理・DM発送		
チェック												
計画	全体会議			口コミ等の評価に対する会議						若手を対象とした外部の社員教育		
チェック												
計画												
チェック												

《著者プロフィール》

株式会社 アールイー経営
代表取締役　嶋田利広

経営コンサルタント歴32年。産業カウンセラー。
1962年大分県日田市生まれ。熊本商科大学経済学部卒。
全国展開の経営コンサルタント会社で修行し、所長、取締役部長を経て、1999年にアールイー経営（RE-経営）を設立し代表取締役に就任。九州を中心にこれまで350社の中小企業、病院介護施設、会計事務所などの経営改革、経営計画、役員教育、戦略アドバイス等のコンサルティングと講演、研修を展開。
「中小企業のSWOT分析第一人者」として、160超のSWOT分析、700名超の管理者教育を実施。このほか「わかりやすい」「面白い」「リズミカル」「即実践できる」講演は高く評価されている。
SWOT分析関連著書に『中小企業のSWOT分析』『SWOT分析による経営改善計画書作成マニュアル』『SWOT分析コーチングメソッド』（いずれもマネジメント社刊）がある。また、『日経ビジネスアソシエ　ビジネスプロフェッショナルの教科書』にSWOT分析カテゴリーで唯一取り上げられる。その他、『新幹部の条件』『リーダーシップが変わる9週間プログラム』『介護事業経営コンサルティングマニュアル』（いずれもマネジメント社刊）など十数冊を出版している。

■問い合わせ・連絡先
　株式会社アールイー経営
　〒860-0833　熊本市中央区平成3-9-20　TEL：096-334-5777　FAX：096-334-5778
　● 公式メールアドレス　consult@re-keiei.com
　● 会社ホームページ　http://www.re-keiei.com/
　● 「嶋田利広」ブログ【ここだけの話】 https://re-keiei.com/shimada-blog/
　● 「嶋田利広のSWOT分析とコンサルタント事務所経営　メルマガ」
　　　https://re-keiei.com/mailmagazine/swotmailmagazine.html
　● 「嶋田利広の病院介護人材育成　メルマガ」
　　　https://re-keiei.com/mailmagazine/hospital-mailmagazine.html

---

有限会社 マネジメントスタッフ
代表取締役　尾崎竜彦

経営コンサルタント歴25年。中小企業専門コンサルタント。経営士。宅地建物取引士。
全国展開の経営コンサルタント会社で修行し、東京本部課長を経て、1999年に有限会社マネジメントスタッフを設立、代表取締役に就任。
中小企業の「継栄」（ケイエイ、継続して成長・発展・繁栄の意、商標登録済）にこだわり、関東甲信越地域の中小企業への経営支援を中心に展開するほか、大学・専門学校で中小企業論を講義している。
「コンサルトソーシング」（コンサルティングとアウトソーシングの融合、商標登録済）を柱に、中小企業の経営企画室・営業部・人事部・総務部などの機能となるべく組織を構築する。「知行合一」「事上磨錬」、実践に重きを置き、原則、自社で実践・検証したノウハウを提供している。

顧問先企業の多くが業歴30年以上、支援期間10年以上となっており、企業継承（事業継承）支援実績も豊富。後継者を育て、後継者を支える次世代リーダ育成にも注力する。
著書に『リーダーシップが変わる9週間プログラム』『デフレ時代の減収創益経営』『SWOT分析による経営改善計画書作成マニュアル』（いずれも共著、マネジメント社刊）のほか、『融資渉外ガイド』（銀行研修社）などがある。

■問い合わせ・連絡先
　有限会社マネジメントスタッフ
　　〒187-0041　東京都小平市美園町2-4-4　TEL：042-349-7775　FAX：042-349-7251
　　ＭＳＧ人財育成センター
　　〒187-0004 東京都小平市天神町 4-22-34 MSGビル2F
　　● 公式メールアドレス　info@management-staff.co.jp
　　● 公式ホームページ　http://www.management-staff.co.jp

株式会社 エイチ・コンサルティング
代表取締役　川﨑英樹

MBA（経営学修士）。中小企業診断士。
1970年佐賀市生まれ。法政大学経営大学院イノベーションマネジメント研究科卒業。
大学卒業後、全国展開のコンサルティングファームに在籍。後に地方の放送局に勤務し、ディレクター、営業プロデューサー等を経験後、中小企業診断士を志して法政大学経営大学院に入学。在学中に坂本光司教授の中小企業経営革新論、小川孔輔教授のマーケティング論に強い影響を受ける。
大学院卒業後は会計事務所のコンサルング部門に勤務。2015年、自らのコンサルティング理論を実践すべく㈱エイチ・コンサルティングを設立。現在、福岡・佐賀・長崎県内を中心に多数の中小企業業績向上支援に携わっている。
小さくてもキラリと光る中小企業に光を当てるべく、常に現場に赴いて取材し、躍進のためのコンサルティングサービスを提供している。「社員満足（ES）なくして顧客満足（CS）なし」を信念とし、優れた知恵（叡智）を導き、幸福の企業経営を支援するという理念をコンサルティングの指針としている。
講演・セミナー・勉強会講師も多数の実績がある。テーマ：「人幸福の中小企業経営」「中小企業だからできる経営革新」「中小企業のブランド戦略」「モチベーション・マネジメント」等。

■問い合わせ・連絡先
　株式会社エイチ・コンサルティング
　　〒840-0824 佐賀市呉服元町 2-15 COTOCO 215 TEL：0952-37-5883　FAX：0952-37-5884
　　● 公式メールアドレス　hky.consulting@gmail.com
　　● 公式ホームページ・ブログ　http://www.eichi-con.com

経営承継を成功させる 実践 SWOT 分析

2017 年 9 月 10 日　初版　第 1 刷　発行
2021 年 5 月 1 日　　　　第 2 刷　発行

著　者　　嶋田 利広／尾崎 竜彦／川﨑 英樹
発行者　　安田 喜根
発行所　　株式会社 マネジメント社
　　　　　東京都千代田区神田小川町 2 - 3 - 13
　　　　　M&C ビル 3 F（〒 101 - 0052）
　　　　　TEL 03 - 5280 - 2530（代表）
　　　　　https://www.mgt-pb.co.jp
　　　　　印刷　中央精版印刷 株式会社

©Toshihiro SHIMADA, Tatsuhiko OZAKI, Hideki KAWASAKI
2017, Printed in Japan
ISBN978-4-8378-0479-6 C0034
定価はカバーに表示してあります。
落丁本・乱丁本の場合はお取り替えいたします。